Maman blues©

Du bonheur et de la difficulté de devenir mère

Groupe Eyrolles
61, bd Saint-Germain
75240 Paris Cedex 05

www.editions-eyrolles.com

Avec la collaboration de Solange Cousin

Le Code de la propriété intellectuelle du 1er juillet 1992 interdit en effet expressément la photocopie à usage collectif sans autorisation des ayants droit. Or, cette pratique s'est généralisée notamment dans l'enseignement, provoquant une baisse brutale des achats de livres, au point que la possibilité même pour les auteurs de créer des œuvres nouvelles et de les faire éditer correctement est aujourd'hui menacée. En application de la loi du 11 mars 1957, il est interdit de reproduire intégralement ou partiellement le présent ouvrage, sur quelque support que ce soit, sans autorisation de l'éditeur ou du Centre français d'exploitation du droit de copie, 20, rue des Grands-Augustins, 75006 Paris.

© Groupe Eyrolles, 2016
ISBN : 978-2-212-56405-1

Fabienne Sardas

Maman blues©

Du bonheur et de la difficulté
de devenir mère

EYROLLES

« *On ne découvre pas de terre nouvelle sans consentir à perdre de vue, d'abord et longtemps, tout rivage.* »

André Gide, *Les faux-monnayeurs*.

Préface

« Devenir mère est un voyage, un long voyage. Mais un voyage comme on ne voyage jamais. On va dans des lieux qui ne sont pas les lieux de nos séjours ou de nos évasions habituels. La maternité ne se passe pas ici, dans ce monde. Ici, nous sommes loin de cette réalité car la maternité traverse surtout des territoires intérieurs[1]. »

La maternité humaine recèle encore bien des mystères à nos yeux.

Nous peinons toujours à comprendre l'ensemble de ses processus physiologiques et psychiques. Ils échappent en partie à notre raisonnement ou à notre maîtrise, nous déconcertent pour certains et parfois dans leurs manifestations les plus extrêmes, nous font peur !

Toutes les investigations médicales de ces dernières décennies, tout le savoir scientifique empilé en strates patiemment accumulées, n'ont pas réussi à disséquer ce pan de l'humanité. L'ADN de la maternité demeure indéchiffrable à ce jour, non soluble dans le rationnel et la logique, au grand dam peut-être de ceux qui s'en protègent, au soulagement de ceux qui accompagnent les mères au plus près de leurs questionnements et de leurs doutes.

---

1. Jean-Marie Delassus, *Devenir mère : histoire secrète de la maternité*, Éditions Dunod, 2001.

Nous ne sommes restés qu'à la surface des choses, comme le constate Fabienne Sardas dans son livre, « *Il est encore trop peu question de ce qui se passe émotionnellement pour les unes et les autres.* »

Pourtant, dès le 19e siècle, l'obstétrique suivie de près par la psychiatrie se sont employées à percer ce « coffre-fort » : pour en sécuriser le champ médical et psychologique et cadrer ses aspects moraux. La société en avait fait un impératif, d'autant plus urgent qu'on avait laissé trop longtemps les femmes seules aux commandes de cet état. La maternité et son fruit si précieux, le bébé, devaient advenir : toujours, rapidement et sans problème majeur, quitte à forcer les corps et la nature quand la physiologie bloquait, ou à corriger les comportements et les pensées des mères quand elles agissaient et aimaient mal.

Un siècle auparavant, l'idée d'une disposition naturelle et commune à toutes les femmes à être mère, avait été avancée. Cette notion se précisa au 19e siècle, sous la plume même de Victor Hugo et s'imposa avec force comme celle d'un instinct maternel. À partir du 20e siècle et jusque dans les années 80, celui-ci fait force de loi et à son injonction morale, la science lui adjoint un socle biologique indéboulonnable : les hormones.

Dès lors, ces molécules « magiques » furent systématiquement avancées pour expliquer le tout et son contraire en matière de maternité et principalement ce qui nous échappait : la force de l'instinct comme sa contingence, l'attachement immédiat pour le bébé comme son rejet, le psychique comme le physiologique qui débordent chez les mères et futures mères… Incontournables jusqu'au point de les avoir synthétisées en laboratoire pour traiter ou prévenir les dépressions de maternité. Pourtant selon Fabienne Sardas, leur importance et infaillibilité seraient à modérer.

La psychiatrie s'est intéressée très tôt aux souffrances et aux défaillances maternelles, aussi bien par intérêt pour ce nouveau champ clinique que par humanité pour celles que l'enfant n'avait ni comblées, ni amendées. La maternité demeurant une obligation morale et sociale, il convenait d'approcher et de cerner autrement les comportements et les émotions « déviants ». Des mots concédant aux mères, la possibilité – temporaire – de ne pas être heureuses ou compétentes furent posés : *baby blues, dépression du post-partum, psychose puerpérale, bipolarité…* Des mots parfois condescendants à leur égard mais efficaces pour classer, inventorier et « nosographier » ces nouvelles maladies de maternité.

On peut regretter que le vocabulaire utilisé et les soins appliqués, n'aient pas toujours eu pour but de comprendre réellement ce qui se joue derrière ces manifestations. Les professionnels de santé se sont souvent cantonnés à ce qu'ils connaissaient le mieux (leur pratique), et ils n'ont pas initié pour la plupart de démarche personnelle en ce sens. C'est aussi le constat de l'auteure qui a travaillé plusieurs années en maternité : « *Il n'est pas dans leurs attributions de penser ou remettre en question un amour maternel qui doit aller de soi ni de prendre en compte les humeurs des unes et des autres. Rien ne les y a préparés. Le champ maternel, lorsqu'il est étiqueté problématique est très vite relégué aux compétences des seuls psychiatres.* »

À la maîtrise – toute relative – de la physiologie par l'obstétrique et des comportements maternels par la psychiatrie s'est ajoutée pour les femmes, la possibilité de choisir leur maternité. Choisir le moment et la personne pour devenir mère avec la contraception, choisir de garder ou pas le bébé avec le recours à l'IVG assuraient une certaine liberté. Une « liberté » supplémentaire, mais qui accentuait leur sentiment de responsabilité lorsqu'elles n'étaient pas au rendez-vous de leur bébé.

Nous pourrions être tentés de penser que la maternité, ainsi dégagée d'une bonne part de ses contraintes matérielles, serait aujourd'hui sous contrôle. Décidée et souvent désirée pour une majorité de femmes, va-t-elle pour autant de soi chez chacune d'entre-elles ? Rien n'est moins sûr, comme le souligne Fabienne Sardas car « *Le désir d'enfant ne donne aucune garantie sur la façon dont la femme peut vivre et profiter de sa grossesse ni sur sa capacité à se sentir prête à accueillir son enfant.* »

De surcroit, elle ne s'est pas totalement affranchie de ses mythes et de ses tabous : la croyance tenace en une disposition naturelle des femmes à être mère – et si commode pour justifier de ne pas intervenir dans leur désarroi –, l'obligation qui leur est faite d'afficher leur bonheur et leurs compétences maternelles dès le lendemain de l'accouchement, obligation parfois doublée d'une exigence personnelle des mères à se montrer parfaites... « *La perfection n'est pas à rechercher, elle est à éviter !* » nous dit Fabienne Sardas.

On a oublié qu'avant d'aller de soi, la maternité va d'abord en soi et qu'elle nous oblige à un voyage intérieur, au creux de son corps, au-delà de la physiologie de la grossesse : « *En réalité ce ventre qui accueille est aussi un espace d'expression de chaque mère en devenir.* »

C'est aussi une rencontre avec l'intime de son être, avec ce que l'on est de plus profond, avec ce qui nous constitue et c'est d'autant plus

Préface

vertigineux à éprouver que nous ignorons de quoi nous sommes faits et que rien ne peut nous préparer à cette confrontation : « *Le devenir mère n'est pas une question de savoir, c'est une disposition à être qui va prendre du temps* » nous met en garde Fabienne Sardas.

C'est vertigineux, définitif et sans retour possible, alors comment ne pas perdre pied ? Dans *Maman blues* l'auteure explore les émotions et les bouleversements que lui confient plusieurs de ses patientes. Voilà bien des visages inattendus de maternité qui osent se dévoiler et se manifester ouvertement. Tout ce qui avait été préparé et planifié par ces femmes puis projeté sur l'écran blanc et illimité de leurs désirs et exigences, semble avoir été balayé par une réalité qui vient de l'intérieur. Il en faut peu alors pour qu'une tempête se lève et que la déception fasse place à la dépression : « *Ainsi se creuse l'écart pour la plupart des mères entre ce qui est attendu et ce qu'elles sont, et c'est dans le creuset que la dépression fait son lit.* »

Il semblerait donc que ce voyage en terres de maternité, dépende moins de la météo ou de la cartographie médicale et matérielle envisagée par ces futures mères, que de celle de leur cœur. Il va leur falloir accueillir et s'ouvrir à ces mouvements du cœur : ce cœur qui n'est pas prévisible, qui bat au rythme des souvenirs et des émotions du passé reconvoquées par la présence du bébé qui grandit en elles, et qui leur fera face dans quelques mois.

En maternité, il ne faut s'attendre à rien et s'attendre à tout… pour s'ouvrir à tout, comme s'il y avait là un col psychique qui lui aussi devait laisser le passage. C'est le complexe et difficile exercice du lâcher prise, essentiel selon Fabienne Sardas, pour faire le premier pas et être en mesure d'accueillir ce bébé. Mais ce chemin ou cheminement ne peut se faire seule et c'est le droit des mères de demander voire d'exiger d'être accompagnées et prises en charge. Elles doivent se positionner en tant que sujets et interlocutrices principales face à l'ensemble du corps médical.

Identifier et exprimer ce que l'on ressent, identifier et s'adresser aux bons interlocuteurs, avant que ne se constituent les problématiques, faire de l'autoprévention en quelque sorte, ne se fera que si les mères et les pères (ne les oublions pas, et ils ne sont pas oubliés non plus dans cet ouvrage) ont accès à l'information.

Il nous faudra dépasser notre crainte d'affoler les parents et accepter de les voir perdre une certaine forme d'insouciance. Mais nous pouvons le faire, n'est-ce pas ? En tout cas nous nous devons de le faire, eu égard aux enfants qui naîtront de ces parents-là. Comme s'en émeut Fabienne Sardas « *Il est étonnant de voir que les seuls bagages prévus sont le trousseau du bébé et la valise pour le temps de l'hospitalisation pour un évènement d'une si grande complexité.* »

Ce livre exprime une subtile compréhension de la maternité psychique et de ses écueils. La démarche professionnelle et thérapeutique de Fabienne Sardas rejoint profondément notre cheminement personnel et bénévole.

Nadège Beauvois Temple
Co-fondatrice de l'association Maman Blues

Table des matières

Préface VII

Introduction – Et si la maternité n'était pas aussi simple..................... 1

Première partie
Je devrais sans doute être heureuse...

Chapitre 1 – Enceinte, pas si facile !.. 11
   Faire place à un autre que moi et s'adapter à un processus inconnu... 11
   Faire face à un temps irréversible... 17
   Je me sens si seule !... 21

Chapitre 2 – Pourquoi ces résistances et ces doutes envahissants ?... 27
   Je voudrais tant pouvoir anticiper !... 27
   Pourquoi avons-nous fait cet enfant ?...................................... 35
   Je dois savoir m'adapter aux événements extérieurs 40
   Je perds le contrôle de ma vie.. 42
   Est-ce que mon conjoint peut me comprendre ? 46

Chapitre 3 – Mon corps, ami ou ennemi ? 51
    Mon corps n'est plus vraiment à moi ! 51
    Et la sexualité dans tout ça ? 57
    Ce corps qui change mon rapport aux autres 60
    Mon corps face au corps médical 62

DEUXIÈME PARTIE
D'où ce mal-être peut-il venir ?

Chapitre 4 – J'attends un enfant 71
    J'ai peur de ne pas avoir l'instinct maternel 71
    Comment être une future mère face à ma propre mère ? 74
    Le papa attend lui aussi, va-t-il être à la hauteur ? 78

Chapitre 5 – Revisiter mon héritage familial 83
    S'affranchir de son manque de confiance en soi 86
    Questionner mon lien à ma propre mère 88
    Aller à la rencontre de mon héritage transgénérationnel 92
    Faire le tri dans les événements que j'ai vécus 96

Chapitre 6 – Deux naissances pour le prix d'une ! 101
    Suis-je une future candidate au baby blues ? 102
    Est-ce que je ferai une dépression post-partum ? 105
    Est-ce que mon bébé peut ressentir mon mal-être ? 111

TROISIÈME PARTIE
Comment traverser au mieux ces événements

Chapitre 7 – Mon enfant est là ! 119
    Je peux intégrer les circonstances de mon accouchement 120
    Je découvre comment prendre soin de notre bébé 124

Table des matières

    L'allaitement de mon bébé : un grand pas entre la théorie et la pratique 128
    Mon bébé si proche et inconnu 132

Chapitre 8 – Révéler le parent en moi 137
    Je suis une mère « suffisamment bonne » 137
    Ma façon d'être mère est unique 140
    Je peux devenir mère et me sentir femme 144
    Je laisse la place qui revient au père de notre enfant 147

Chapitre 9 – Je ne suis pas seule 155
    Je ne reste pas seule avec mes doutes et mon bébé 155
    J'ose me faire aider quand j'en ai besoin 160
    Je conserve d'autres investissements 169

Conclusion – Ce que je vis me construit 171
Bibliographie 177
À propos de l'association Maman Blues et de son site *www.maman-blues.fr* 185

Remerciements

À ma mère, je l'ai perdue dans le temps où j'écrivais ce livre. Je ne savais pas que je la retrouverai entre ces lignes.

À mon père, à mes proches… je vois aisément le sourire tendre de chacun… Pour leur soutien au fil des mois.

À mes patients, pour leur confiance et leurs enseignements permanents.

Introduction

Et si la maternité n'était pas aussi simple…

> « La grossesse (…) rassemble le passé et l'avenir, et voudrait tout métaboliser. C'est un temps changeant d'une grossesse à l'autre, grand bleu pour les unes, ciel gris velours pour d'autres… Toutes les météos féminines sont possibles. »
>
> René Frydman

> « Tous me disent que je devrais être heureuse et pourtant je me dis que devenir mère ne va pas de soi, c'est terrible… j'ai peur de ne pas aimer mon bébé. Est-ce normal de me poser toutes ces questions et en plus je ne veux pas que mon bébé ressente cette angoisse, ça pourrait lui faire du mal… »

Anne nous dit avec ses mots la difficulté de pouvoir vivre librement et avec joie le début de sa maternité. Elle livre une partie des émotions que la naissance future de son enfant suscite. Comme elle, Mathilde, Aicha, Virginia, Julie et quelques autres vont nous dire tout au long de cet ouvrage leurs peurs, leurs doutes et leurs joies immenses, mêlées d'appréhension.

C'est de ce voyage que nous allons parler. Avec le vœu d'enfant, on embarque pour longtemps en pays étranger. Rien de connu dans ce périple. Rien à voir avec ce qui était fiable et stable dans cette aventure pourtant souhaitée. Certaines l'attendent même parfois depuis très longtemps. L'arrivée de l'enfant est la plupart du temps vécue comme le seul but à atteindre alors que la transformation de la femme en une mère est un enjeu tout aussi capital.

Nous allons accompagner plus particulièrement cinq jeunes mères très différentes. Deux d'entre elles passeront par le paysage sombre et austère de la dépression dont elles sortiront cependant renforcées et plus conscientes d'elles-mêmes. Deux autres traverseront le baby blues. Quant à la dernière elle accueillera son bébé en confiance.

La plupart des mères que j'ai rencontrées dans la maternité parisienne où j'ai exercé pendant plus de dix ans, étaient dans un état de grande sensibilité, mêlant surprise, bonheur et perplexité. La grossesse est un temps d'incertitude, de remise en question et de contradictions, très éloigné des clichés de « l'heureux événement » attendu.

Il est urgent de déculpabiliser les futures mères vis-à-vis de leurs sentiments contradictoires et de les aider à en comprendre l'origine.

Cet ouvrage s'adresse à elles toutes et à vous qui les côtoyez. Il va leur donner largement la parole. Nous suivrons tour à tour :

- Anne, 38 ans, aînée de frères jumeaux, artiste photographe, en couple depuis 10 ans avec Jérôme.
- Virginia, 32 ans, fille unique, cadre en entreprise, en couple depuis peu avec Charles.

INTRODUCTION

- Mathilde, 29 ans, benjamine de trois sœurs, enseignante, en couple depuis 4 ans avec Florian.
- Aicha, 27 ans, cadette de 6 enfants, consultante en innovation, mariée à Miloud depuis 2 ans.
- Julie et Simon, 33 et 40 ans, tous les deux infirmiers dans le même hôpital, pacsés depuis 5 ans.

Nous suivrons ces mères découvrant leur grossesse puis dans les moments où le bébé à naître est bien différencié d'elles. Nous les écouterons parler de leurs corps dans ce moment fantastique mais perturbant, de leurs liens complexes avec leurs conjoints, leurs environnements de travail. Certaines parleront des influences probables de leur histoire infantile sur le vécu mitigé de leur grossesse. L'une d'elles abordera les liens intergénérationnels dans sa famille avec les questionnements qui en découlent. Nous les accompagnerons jusqu'à la naissance de leurs enfants.

Elles sont la vie, elles portent la vie, elles prennent des risques et se mettent à l'épreuve dans ce processus qu'est la maternité. Elles ont toujours suscité chez moi tendresse et admiration. Quant à l'inquiétude des jeunes pères que j'ai reçus, je ne peux que témoigner de leurs tentatives touchantes d'approcher au mieux un processus aussi mystérieux auquel ils assistent souvent impuissants.

Pour soutenir au mieux ces femmes et ces hommes souvent en désarroi, j'utilise ce merveilleux prisme qu'est la psychanalyse, en m'impliquant fortement dans la relation thérapeutique. Ainsi j'ose faire mienne cette pensée de Julia Kristeva qui, au cours d'une conférence récente sur le thème de l'amour, disait :

« *La psychanalyse n'est pas une philosophie, elle s'implique, elle mouille la chemise, elle donne à l'autre ce qu'il n'a pas reçu, face à son silence elle cherche à le faire renaître humain. C'est une pratique amoureuse, une forme d'amour qui reconstruit l'être humain.* »

PREMIÈRE PARTIE

Je devrais sans doute être heureuse…

› *« Où suis-je ? Mais oui, dans mon ventre, dans mon ventre...*
Qui suis-je, mais enceinte, enceinte, c'est-à-dire
muraille de guerre et état de siège. »
Hortense Dufour, La guenon qui pleure.

Par son dynamisme, la vie a la capacité de nous faire évoluer à travers une série d'événements, d'épreuves, de ruptures d'équilibres acquis, d'engagements mais aussi de renoncements.

Ainsi, un événement aussi important que l'arrivée dans le couple et dans la famille d'un nouveau membre nécessite des ajustements. Porter un enfant confronte la femme à sa capacité à se préoccuper d'un autre qu'elle-même. S'adapter à l'état de transformation qu'est, pour elle, une grossesse passe par des remises en question. Cette attente s'accompagne parfois d'un mal-être plus ou moins profond, plus ou moins durable. D'autant que la future mère fait l'objet de nombreuses pressions d'un entourage qui se plaît à anticiper les étapes à venir plus qu'elle ne le voudrait.

Être mère aujourd'hui est un acte programmé dans la grande majorité des cas. De plus, 15 % des couples ont actuellement recours à la procréation médicalement assistée. Mais au-delà de la question du désir d'enfant, l'expérience de devenir mère est peu questionnée. Comme si elle allait de soi, elle est renvoyée à un vécu banal car partagée par toutes.

Appartenir à la communauté des femmes ayant accouché et enfanté est pour beaucoup une fière récompense. Il est cependant difficile de trouver un savoir-faire, un savoir-être pour y arriver et avoir des repères pour cette traversée. La peur de ne pas être à la hauteur est légitime et pourtant il faut pouvoir se faire confiance.

La maternité est un processus, il est physique et psychique, il est constitué d'étapes et d'événements. Il convoque des sentiments faits de tendresse, d'amour et aussi de peur, parfois d'hostilité. Il éveille des réticences et des doutes. C'est un temps qui échappe et oblige à accepter une certaine passivité et nécessite donc un lâcher-prise.

On peut se demander ce qu'il est nécessaire de traverser. Qu'est-ce qui va « travailler » dans ce processus pour que le duo mère-bébé fonctionne de façon satisfaisante ? Que faut-il faire pour que chacun des membres du couple parental s'ajuste puis se positionne, sans toutefois mettre en péril le lien amoureux ? Côté mère lorsque la tonalité est celle du « blues » pendant la grossesse faut-il s'en inquiéter ? Ce n'est d'ailleurs pas toujours le même mouvement de tristesse empreint de nostalgie qui préside chez ces mères-là après la naissance de l'enfant.

Nous répondrons à ces questions essentielles au fil des pages. Les portraits qui sont présentés témoignent de situations variées même si aucune ne présente un caractère pathologique. Les difficultés rencontrées témoignent d'un spectre universel des émotions traversées. Ces futures mères ont consulté spontanément, sur les conseils de leurs proches ou bien des professionnels de la maternité. Elles étaient toutes conscientes, tout en étant parfois surprises, du fait que le vécu de la maternité soit physique et psychique et que ces deux versants étaient indissociables.

Nous n'avons pas fait de distinction entre les mères qui attendaient un enfant pour la première fois et les autres : l'expérience montre que chaque grossesse est unique et arrive dans des circonstances et un contexte toujours sensiblement différent. Elle peut donc être source tant de difficultés que de bonheurs inédits quel que soit le rang dans la fratrie de l'enfant attendu, même si quelques paramètres changent.

Chapitre 1

Enceinte, pas si facile !

« Il faut être un publicitaire pour faire de la grossesse une assurance sur l'avenir et couvrir les murs de nos villes de ventres ronds dévoilés. Chaque femme sent bien que toutes nos certitudes, notre obsession à maîtriser le cours des événements n'épuisent jamais ses angoisses. Elles émanent d'un monde enfoui, carrefour de son histoire, de ses rêves, de ses désirs et de ses doutes (...) »
René Frydman, *Les Secrets des mères.*

Faire place à un autre que moi et s'adapter à un processus inconnu

Le fait de désirer un enfant est au départ assez abstrait. Nous désirons souvent un bel enfant qui renforce notre sentiment d'être et d'être utile. Nous n'avons pas anticipé les réalités de ce voyage, et du reste, nous préférons peut-être les ignorer.

> « Une enfant qui me serre dans les bras... » c'est comme ça qu'Aicha voit la petite fille qu'elle attend dans quelques jours. « Elle me ressemblera, elle sera douce, j'ai toujours été une enfant calme et gentille. Mais il faudra qu'elle fasse des études longues parce que sinon on fait un métier trop dur... » **Aicha**

La rêverie maternelle chez Aicha se met en place d'une façon bien singulière. Ce bébé qui devra prendre soin d'elle et qu'elle charge d'une tâche qui ne lui revient pas, n'est pas encore à sa juste place.

Semblable, différent ? L'enfant sera un autre. L'altérité au creux du corps n'est pas facilement pensable. Accueillir un autre en soi, le féminin y est préparé dans l'acte amoureux avec son partenaire. Il en va tout autrement de l'enfant. Cet étranger présent au-dedans de soi crée un événement inédit, une dynamique qui donnera plus ou moins la possibilité de se reconnaître, de transmettre. Chacun doit auparavant naître à lui-même.

> **Sortir de sa zone de confort…**
>
> « Mon enfance a duré jusqu'à l'année dernière, j'étais comme un objet précieux dans un écrin. Je suis très fusionnelle avec ma mère et je sens que je dois tuer un côté de moi pour faire vivre l'autre ; un espace est inexploré en moi et je dois le faire vivre pour cet enfant qui va arriver. En fait, ma vie était simple avant ma grossesse, j'étais la gentille fille, je pensais avoir trois enfants… je n'écoutais pas la petite voix : est-ce que tu es heureuse ? »
> **Mathilde**

Mathilde, très justement, sent dans cette nostalgie qu'un processus est à l'œuvre et que devenir mère ne va pas aller de soi. Pour aller plus avant dans cette grossesse, il va lui falloir abandonner une part de son fonctionnement ancien. Elle se sent en péril car il va être difficile de devenir mère si elle reste uniquement la fille de sa mère.

On compare souvent la grossesse à l'adolescence, période où la relation aux autres est paradoxale. La femme oscille ainsi entre une demande de regards et d'intérêt et un rejet violent d'une proximité trop grande. Elle est en plein changement, cette mutation peut être à l'origine d'une crise. Plaintes, recherche de réconfort, bouderies, humeurs versatiles et inégales ; tous les états sont exprimés.

En effet, comme dans la crise d'adolescence, il s'agit, dans la maternité, de prendre de la distance avec ses propres parents et de devenir une personne autonome, responsable, pour s'ouvrir à d'autres relations. Le processus enclenché, comme à l'adolescence est un temps de transformations corporelles, un monde neuf s'entrouvre à un amour filial à investir.

Ce processus revisite l'identité de chacune : l'enfant de…, la compagne de…, la conjointe de…, la belle-fille de…, la professionnelle de…, etc. Prête dans quelques mois à être une mère, et « la mère de » cet enfant-là.

Ces périodes sensibles sont donc aussi des temps de maturation qui permettent aux futures mères de s'interroger sur l'enfant, l'adolescente qu'elles ont été, sur la mère qu'elles vont devenir, sur ce qu'il faut garder de ces expériences. Elles peuvent reprendre la forme des problématiques qui sont apparues dans la période adolescente. Elles sont relativement normales : quitter ses habitudes, sortir de sa zone de confort, est difficile à vivre. Être enceinte est un état qui renvoie dos à dos l'être unique et singulier que chacune est devenue et l'être tourné vers l'enfant attendu. Il s'agit de pouvoir être deux sans que l'un n'empêche l'autre d'exister.

Pendant ce temps, la grossesse prend forme dans le corps.

Une présence à apprivoiser...

« Lorsque je me réveille, je me dis : "je suis enceinte" ; je prends mes repas, je me dis : "attention à ce que tu manges !", poursuit Mathilde, "Je fais l'amour et je me dis que le bébé va le sentir... ça va pas ! Je perds toute ma liberté, je n'existe plus, ce bébé à trois mois de grossesse a déjà pris toute la place, je me trouve énorme... je n'ai plus le temps d'exister."

Elle ajoute ce jour-là : "Ce qui est en moi n'est pas moi, c'est vraiment fou, je n'ai jamais pensé que je devais apprivoiser ce bébé, l'adopter, l'accepter en moi. Heureusement que j'ai encore plusieurs mois devant moi avant qu'il arrive et que j'aie vraiment envie de le voir !" » **Mathilde**

Mathilde se sent en concurrence avec cet enfant qui lui impose sa loi. Elle a le sentiment que son bébé est une menace à sa liberté, à son mode de vie. De femme-enfant, elle a le sentiment de devenir mère contre son gré. Ainsi, l'enfant crée la mère en renforçant un processus maternel encore peu ou mal enclenché bien avant que le ventre ne s'arrondisse. Ce « moi d'abord ! » de Mathilde alors que la gestation est en cours va provoquer des tensions. Il y a urgence à les comprendre et à les gérer avec un thérapeute, si elles sont trop envahissantes.

Le passage de la femme à la mère est le premier décentrage à envisager. Pour cela, il faut que chaque femme soit dans un lien serein à sa propre mère pour mettre au monde un enfant avec l'homme qu'elle aime. Encore faut-il que dans l'enfance cette mère ait positionné son conjoint à une place de père suffisamment valorisante. C'est ce que l'on nomme la triangulation œdipienne : un triangle où père, mère et enfant sont justement positionnés pour que les liens soient sains et stables.

Au moment de la grossesse, les identifications vis-à-vis des deux parents de l'enfance vont se raviver : identification de la future mère à sa propre mère et identification du couple au couple de ses parents. Il s'agira alors de les revisiter pour ne pas se laisser enfermer dans ces identifications et pour n'en prendre que le meilleur !

Se décentrer également d'une part « narcissique » c'est-à-dire d'amour de soi, est capital. Pour accueillir et « nider », il faut pouvoir être au service de cette grossesse et de l'enfant qui arrive.

Qu'est-ce que le décentrage ?

Le décentrage est la capacité à laisser la place centrale que l'on occupe à un autre que soi, en l'occurrence à son bébé. Parfois, ce décentrage est impossible car on déploie déjà tellement d'efforts d'adaptation, qu'on est soi-même à la limite de la survie psychique.

Il faut savoir que le siège de la personnalité est nommé par Freud, le MOI. Pour sa stabilité, le MOI préserve toujours le plus possible son confort et ses acquis. Tout changement est donc considéré comme possible déstabilisateur. Ainsi, le MOI qui se sent assiégé par une trop forte contrainte de la réalité extérieure, ce peut être le cas lors de la grossesse, peut développer des mécanismes de défense. Si les mécanismes de défense (tels que le refoulement, la projection, l'identification, le déni, l'idéalisation, etc.) sont débordés et ne peuvent pas réguler l'angoisse, le corps peut prendre le relais : c'est ce qu'on appelle somatiser. Chez d'autres, les symptômes psychiques comme la dépression apparaissent.

Au contraire, lorsque la future mère est en capacité de se décentrer, elle a le potentiel suffisant pour accueillir un autre et les mécanismes de défense n'auront pas besoin de se mettre en place. Dans le décentrage, il y a un réel enjeu : c'est le signe que le processus qui permet de devenir mère est en route.

Anne a 38 ans. Elle attend son premier enfant et se sent assez mal. Sa grossesse est issue d'une fécondation *in vitro* car elle souffre d'endométriose. Son parcours de procréation médicalement assistée a duré deux ans. Elle est enceinte de quatre mois. Ce jour-là, son humeur est à la colère :

> **Un corps qui change, un regard qui évolue**
>
> « J'ai beaucoup grossi, je ne peux plus sortir. J'avais l'habitude de prendre un verre le soir avec mes collègues de travail, c'était un bon moment de détente. Je ne m'autorise plus à boire d'alcool et je suis la première du groupe à être enceinte, je crois que je ne suis plus dans la course... Je vais sur des salons et je ne me sens plus présentable... Je suis lourde, endormie, mal à l'aise. Je vois bien qu'on ne me regarde plus comme avant. Je crois qu'il faut que j'envisage de changer de boulot... » **Anne**

Anne va évoquer le regard que les autres portent sur elle et qui est capital. Elle est soumise à une sorte de pression, c'est comme un œil qui la regarderait en permanence. Aussi le mouvement d'intériorité que sa grossesse exige maintenant est en décalage avec ce regard qui fait sans cesse loi pour elle. Qui se loge encore à l'intérieur d'Anne ? Qui est en concurrence avec le bébé qui s'impose ? Sans doute une petite fille triste et seule, peu regardée par sa propre mère et qui a peu existé face à deux frères jumeaux qui prenaient toute la place, dira-t-elle à la séance suivante.

Il faut donc non seulement se décentrer de soi-même mais chasser le ou les personnages qui y sont restés ! L'enfant à venir exige place nette !

L'avènement est un événement de taille. Il nécessite des modifications du comportement, des réponses adaptées, un changement d'attitudes émotionnelles. Anne a un rythme et une manière de le vivre qui disent actuellement sa difficulté à y faire face.

Ainsi, c'est moi et le bébé qui sommes en concurrence. C'est aussi moi et les autres. La grossesse est un fabuleux apprentissage de l'altérité mais aussi un vrai révélateur de notre façon d'être au monde et aux autres.

Lors de la grossesse, la perception du temps et de l'espace vont sensiblement changer. À la part d'inconnu s'ajoute une obligation à se soumettre au processus, à s'y adapter, ce qui peut être difficile à supporter. Ce temps de l'attente peut conduire à un mal-être, à un léger et passager mouvement dépressif. Car, lorsque la femme attend un enfant sont réactivés les souvenirs de sa propre enfance par identification. Des liens se font alors avec tendresse mais parfois avec inquiétude ou ressentiment. Les émotions générées s'expriment sous des formes diverses, au mieux, ce sont la colère et bien sûr la tristesse, à laquelle s'ajoute l'impuissance. Des troubles corporels apparaissent souvent, que l'on nomme somatiques, dont l'origine fréquemment psychologique n'est pas aisée à décoder. Nous les aborderons plus loin.

Faire face à un temps irréversible

Le processus de la grossesse est connu d'un point de vue physiologique, sa fin est relativement prévisible. Aussi, il est habituel d'entendre le désir de maîtrise, donc d'anticipation de ces différentes étapes. La grossesse correspond à une succession d'évolutions du fœtus vers sa maturité. La bonne progression n'est cependant pas assurée du fait de la survenue possible de certaines pathologies maternelles ou fœtales. Si la grossesse n'est pas une maladie, elle peut en déclencher certaines. La future mère peut développer un diabète gestationnel, une hypertension, et bon nombre de problématiques peuvent générer un certain stress au fil des investigations médicales.

> « Par quelles étapes je vais encore passer ? » me demande Anne avant de poursuivre : « Je vois les femmes enceintes, je trouve leurs ventres énormes, je ne me vois pas devenir comme ça ! Je suis mal à l'aise dans la salle d'attente, prête à m'enfuir. Comment les organes vont s'adapter à l'intérieur ? Le bébé doit être comprimé, non ? Tout ne va pas se dérégler ? » **Anne**

La future mère doit donc être l'hôtesse d'un hôte inconnu qui arriverait avec des bagages à peine visibles et envahirait la maison entière. De plus, il s'invite dans toutes les pièces jusqu'aux plus intimes, sans jamais se retirer discrètement et ce, dans un accueil temporaire dont lui seul peut décider précisément du terme !

Ainsi ce qui semble pouvoir être planifié et anticipé échappe sans cesse. Quelle mise à l'épreuve ! La femme doit donc démontrer des compétences et des aptitudes certaines pour relever ce challenge consistant à réaliser de hautes performances malgré les nombreuses inconnues de l'épreuve. Sommée de vivre pleinement son état, de réussir sa grossesse, son accouchement, son allaitement et de rendre son enfant heureux face à un compagnon ravi ! C'est ce que semble lui dire son entourage… et les magazines féminins du kiosque le plus proche. Double challenge donc : passer l'épreuve et le faire avec bonheur !

Toutes se posent donc les questions suivantes : est-ce que tout va bien se passer ? Est-ce que je vais y arriver ? Est-ce que je vais aimer mon enfant ? Est-ce qu'il va m'aimer ? Est-ce que ma vie ne va pas trop changer ? Comment se dégager des pressions très fortes de l'entourage ? Mais est-ce que d'autres pressions ne viendraient pas de la société ? Qu'est ce qu'il est normal de vivre et d'éprouver ?

L'entourage ne se montre pas toujours compréhensif face à ces craintes. La grossesse n'est-elle pas pour le couple un « heureux événement », un événement unique auquel chacun doit prendre part ? Pour la future mère ne représente-t-elle pas une possibilité de se réaliser ? Ne renforce-t-elle pas sa confiance en elle et sa féminité ? Transmettre n'est-il pas une chance ? N'est-on pas privilégié de pouvoir accueillir un enfant alors que tant d'autres doivent être assistés par la médecine dans leur souhait ? L'enfant ne serait-il plus cette promesse d'avenir et d'advenir pour la femme comme pour l'homme ?

La grossesse est un tournant irréversible dans la vie d'une femme, changeant son rapport aux autres ainsi qu'à elle-même. Habituellement quand nous sommes confrontés à l'irréversible, nous nous rebellons, négocions puis acceptons ou prenons la fuite.

La femme, tel un arbre qui arrive à maturité et dévoile sa fleur et son fruit, doit donc vivre cet enchaînement maturatif pleine d'énergie et de mobilisation, tout en étant parfois envahie de doute en terre peu familière. Le processus est celui d'une réactualisation de tout un passé et d'une projection dans l'avenir. Cette traversée peut légitimement désorganiser la future mère, lui donner le sentiment que tout ça se passe sans elle. Rien à piloter, peu à faire mais essentiellement *laisser faire* : n'est-ce pas le plus difficile ?

De son côté Julie s'inquiète :

> « Je ne fais rien, je dors tout le temps. Moi qui étais hyperactive, je suis un loukoum, affalée dans mon canapé, je rêvasse, je n'ai même pas les idées claires. Je me sens précieuse et totalement inutile ! Ce n'est pas moi ça ! »
> **Julie**

Son corps cherche le repos qui lui est indispensable avant la naissance. Nous l'accompagnons dans cet imaginaire fertile. L'importance de la rêverie qui accompagne ce moment est souvent mésestimée dans sa fonction de maturation et d'adaptation. Il faut pouvoir s'autoriser d'en être là, explorer d'autre part de soi dans ces moments si singuliers, éloigner le sentiment de culpabilité que cela génère et y trouver un sens. L'attente est ce temps très particulier qui confronte à une obligatoire passivité. Elle peut réactiver des temps de l'enfance où se donnaient rendez-vous la frustration et la tristesse. L'attente est à l'opposé du plaisir immédiat, c'est le temps où il faut différer, laisser faire, voir venir. Mais voir venir un enfant si proche et si lointain à la fois est tout de même complexe.

La grossesse est un autre temps vécu, qui s'inscrit non seulement dans le corps mais aussi dans le mental. Le corps féminin lui est rythmé dès la puberté par les cycles menstruels. La femme a un calendrier lunaire qu'elle ne peut pas ignorer, pas plus que son horloge biologique. Dès que la vie apparaît en elle, on lui fait entendre les rythmes cardiaques de bébé. Elle le porte ensuite et est souvent sensible à ses rythmes de veille et de sommeil, a ses hoquets, a ses mouvements. Ce temps long de neuf mois est perçu comme plus fort, plus dense par la future maman. Découpée en trimestre, la grossesse est constituée de moments assez différents que la date prévue de l'accouchement va encadrer. De son côté, bébé grandit accompagné par les battements du cœur de sa mère et la mélodie de sa voix. Ainsi, une temporalité de la grossesse s'impose au fil de deux ou bien trois saisons et soumet la future mère à un autre temps de la vie dont la durée reste à jamais inscrite en soi. La grossesse est aussi prévision, comme pour la météo : sexe, poids, taille… Temps de la patience, temps suspendu… La vie décide avec toutes ses variations climatiques.

Je me sens si seule !

« La maternité est humaine, c'est-à-dire précaire, ce qui n'enlève rien à sa grandeur, mais au contraire lui donne sa dimension émouvante, parfois éprouvante. »
Jean-Marie Delassus, *Aide-mémoire de maternologie.*

Virginia qui est maintenant enceinte de 4 mois et attend son premier enfant, dit avoir perdu toute sa joie de vivre. Ce que nous nommons les signes « sympathiques » de la grossesse sont pour elle d'une tout autre tonalité ! Elle est littéralement envahie de symptômes.

Un éloignement bien angoissant

« La nausée est présente en permanence, je ne m'alimente plus, toutes les odeurs m'inspirent du dégoût. Je traverse des nuits entières d'insomnie, on m'avait dit que ça cesserait au cours du premier trimestre. "Reposez-vous !" m'a dit mon médecin de famille, il me l'a dit très gentiment mais je me suis effondrée en larmes ; parce que je sais qu'au travail je me sens un peu mieux, j'oublie momentanément ma grossesse. J'ai conscience que c'est terrible de dire ça, mais je ne sais plus quoi faire. C'est mon ami qui m'a dit de venir vous voir. Mon humeur change sans arrêt, tout m'atteint et je ressasse la moindre remarque. Je pleure maintenant à la moindre contrariété et il commence à s'éloigner de moi. Il dit qu'il ne me reconnaît plus. On n'a plus de rapport sexuel ; d'ailleurs, j'en ai plus envie. Je me sens seule, je lui en veux de prendre ses distances, il ne me comprend plus, je crois. Je me sens malheureuse, je ne me reconnais plus moi-même. » **Virginia**

Le temps de la grossesse est potentiellement inquiétant dans son compte à rebours. Comme pour Virginia, il est réellement déstabilisant car générateur de troubles inattendus et désagréables. C'est le temps de la plainte, du repli sur elle-même qui peut éloigner sensiblement son compagnon. Virginia présente une série de symptômes qui s'apparentent à une légère dépression. Elle a un compagnon vigilant et protecteur sur lequel elle va pouvoir compter pour que cette grossesse s'intègre avec joie en elle. Parler de cette expérience si nouvelle pour elle va être également très bénéfique.

La future mère couve et pense intensément ce qui lui arrive ! Attention : Émotions ! Fragile ! Écoutons d'autres mères toutes semblables, toutes différentes :

Des émotions inavouables

« J'ai eu une émotion vraiment négative à l'annonce de ma grossesse. J'ai pris peur, ça arrive trop tôt. J'ai l'impression d'un avant et d'un après, du « jamais plus » aussi, c'était terrible, heureusement j'ai gardé ça pour moi et je l'ai annoncée seulement quelques heures après à mon ami, qui a pleuré de joie. C'est seulement à ce moment-là que j'ai commencé à me réjouir. J'ai mesuré notre chance mais ça m'a laissé une drôle d'impression ce début. » **Inès**

> « Ça a été un choc pour moi cette grossesse, très vite c'est devenu comme une situation de parasitage. Oui, c'est ça, un parasite qu'il faudra expulser. Je ne peux dire ça à personne, c'est terrible d'éprouver ça, non ? C'est trop glauque, je ne peux pas le dire à mon mari, à personne en fait, ils ne comprendraient pas. Je me demande si c'est normal de vivre ça comme ça. »
> **Hélène**

Telle la limaille attirée par l'aimant proche, la grossesse semble rassembler toute la palette des émotions les plus diverses. Des plus douces aux plus violentes, le temps n'est pas à la nuance !

R. D. Winnicott, célèbre pédiatre et psychanalyste londonien qui a joué un rôle capital dans la reconnaissance de la psychanalyse de l'enfant, a décrit un état particulier de la femme enceinte qu'il a appelé « la préoccupation maternelle primaire ». La future mère désinvestit peu à peu le monde extérieur avec ses contraintes et ses valeurs au profit du bébé. Elle lui porte un intérêt quasi constant. C'est un stade de retrait et d'hypersensibilité, de variations de l'humeur, dans une identification à l'enfant.

Cet état est particulier à vivre, il est vécu comme régressif, il peut même sembler pathologique. La future mère peut mesurer les transformations à l'œuvre en elle, et aussi une certaine qualité de maternage à venir, ce qu'il faut absolument l'aider à valoriser.

C'est un temps précieux de repli qui est celui du retour à soi et sur soi. Rêver ce corps devenu deux, pouvoir rêver son enfant. Se le représenter est indispensable pour l'accueillir. La rêverie est parfois lourde de souvenirs qui reviennent en force mais elle est féconde.

C'est là, bien sûr que « passe l'ombre de la petite fille sur la pointe des pieds, entre les ruines et le rêve » dont parle Hortense Dufour dans *La guenon qui pleure*.

La rêverie a une puissance insoupçonnée et crée le début d'une histoire. L'imaginaire maternel rejoint l'enfant en le parant de dons, de qualités nombreuses, il le projette dans l'avenir. Il instaure un pont indispensable et très solide entre le dedans et le dehors, comme l'explique Patrick Ben Soussan dans son ouvrage, *Le Bébé imaginaire* :

« Le bébé imaginaire permet ainsi une mise en forme des angoisses, fantasmes, legs et dettes transgénérationnels (faire ressusciter les morts et revenir les absents). Par ce travail psychique parfois coûteux, il protège l'enfant à venir et les parents à naître. Il est un processus vivant, qui se développe avec le temps et les expériences de la vie, qu'il invente, à sa façon. »

La rêverie maternelle est un vrai « berceau psychique[1] » pour la future maman. Le rêve est une expérience sensorielle à part entière. Cette expérience crée des traces qui restent en mémoire et vient enrichir les capacités d'accueil de la maman parce que le rêve permet une réelle rencontre : plus elle va rêver son bébé, plus elle fait sa connaissance, plus elle développe ses capacités maternelles.

C'est ce dont témoigne Anne qui me dit maintenant qu'avec le temps elle aime de plus en plus se sentir enceinte.

---

1. Selon Hélène Riazuelo dans « À quoi rêvent les femmes enceintes ? », article que vous trouverez sur internet.

> **Des questions qui restent sans réponse**
> « Je vois que ça me donne une vraie importance mais je ne sais pas si je vais savoir m'occuper d'un bébé. Je n'ai personne à qui en parler. Mon conjoint travaille trop, ma mère est occupée ailleurs, mes frères n'ont pas encore d'enfant donc je ne peux rien leur dire, rien de ce que je vis. Ma meilleure amie a l'air jalouse de ma grossesse alors je n'ose plus lui dire quoi que ce soit. » **Anne**

Dès lors que la maman a commencé à rêver son bébé, le travail d'acceptation a commencé. C'est toujours le signe d'un bon début et un vrai baromètre. À un moment où Anne est dans l'acceptation de sa grossesse, le tête-à-tête et, en l'occurrence ici, le corps-à-corps avec le bébé, est source d'une certaine solitude. Il est vrai que l'entourage proche et le conjoint peuvent ne pas être forcément ajustés.

Le futur père est normalement occupé ailleurs, dans ses propres investissements et fréquemment sa vie professionnelle. Il retarde le moment d'entrer en scène. L'homme à un rapport au temps assez différent. Il est pourtant absolument indispensable dans son soutien affectif, il renforce le sens de cette conception pour sa compagne, et la fiabilité de leur projet commun. Il sécurise la dyade mère-bébé. Son rôle est capital dans la distance même qui est la sienne. C'est de cette place qu'il peut voir mieux ce qui se prépare. C'est de ces deux places différentes qu'occupe chacun dans le couple que vient l'équilibre à venir.

Mais lorsque chacun se sent très seul à la place qu'il occupe, la plainte ou les symptômes sont parfois une façon d'appeler à l'aide.

Ne plus occuper la place centrale est une réalité qui ne convient pas à certaines femmes qui ont construit leur relation de couple sur un mode fusionnel. Ce sentiment de solitude est donc puissant dans ce qu'il annonce : des places précises, où chacun, de la mère, du père, du bébé a sa place unique et non interchangeable.

J'ai souvent entendu ce mot « déprimé » en le décomposant de telle sorte que sa signification ressemble plus à celle-ci : *ne plus être la première*. « Dé-primée » comme dépréciée, ayant perdu de sa préciosité pour soi-même et pour son conjoint. Voilà qui peut donner un nouveau sens au symptôme dépressif de la femme enceinte.

Au fil des mois, plus le bébé donne des signes nombreux de sa présence bien concrète, réellement palpable, plus la femme enceinte devient sensible et perméable ! Paradoxalement, son sentiment d'isolement peut s'accroître. C'est fréquemment à ce moment-là que le futur père peut présenter toute une série de petits maux dont la sphère digestive se fait la porte-parole en lien avec cette réalité du bébé bien présent. Il faut bien une famille, un groupe, un environnement affectif bien positionné, suffisamment sécurisant pour les entourer.

Chapitre 2

Pourquoi ces résistances et ces doutes envahissants ?

Je voudrais tant pouvoir anticiper !

Dans le voyage s'invite toujours l'imprévu. Devenir parents relève non seulement de l'événement, mais aussi de la capacité à s'adapter, à s'ajuster, voire à muter. Les repères sont bousculés. Une flexibilité et une ouverture au changement sont requises. Il y a rupture d'un confort, d'habitudes, d'un état tout du moins connu à un état qui peut être vécu comme incertain.

En réalité, ce ventre qui accueille est aussi un espace d'expression de chaque mère en devenir. L'enfant à naître impose de trouver en soi ou d'inventer pour soi des espaces de liberté, mais chacun n'en a pas immédiatement le talent.

> « Vous me dites que je dois accepter de ne pas forcément marcher les pieds au sec ! Mais c'est quasi impossible pour moi ! À trente-huit ans, c'est ma première grossesse j'ai attendu la limite de mon horloge biologique pour procréer. Je supporte mal la présence constante de ce petit étranger. » **Anne**

C'est ce que dit Anne qui est au cœur d'émotions contradictoires. Enceinte de six mois, elle veut « réussir » sa grossesse, malgré sa difficulté à s'y sentir bien et réussir aussi son accouchement.

Est-ce qu'il est possible de réussir sa grossesse ? Comment faire, sans accepter qu'il y ait un avant et un après ? Comment imaginer être dans un tel système ?

Il semble que la notion de réussir sa grossesse recoupe l'idée de « réussir sa vie ». Pourtant, notre seule capacité qui puisse être améliorée est celle de se satisfaire du moment présent et d'y trouver une réelle satisfaction. Et, plus que de s'adapter à des changements, il s'agit de s'y soumettre. De se soumettre avec grâce au destin du féminin. Après avoir traversé l'épreuve de la procréation assistée par la médecine, Anne doit se soumettre à un cycle de neuf mois, donc à une temporalité nouvelle. Quand bien même elle a beaucoup souhaité cet enfant, le contenir, le porter, être habitée et supporter cette fusion pour le mettre au monde puis le séparer de soi est d'un tout autre ordre. Ce devenir de génitrice qui donne la vie, une vie elle-même soumise à la grande loi des mortels. Quelle épreuve !

Le féminin n'est plus seulement le lieu de la séduction et du paraître au dehors, il devient lieu d'une intériorité complexe qui échappe et qui est à découvrir pour elle comme pour chacune.

Pourquoi ces résistances et ces doutes envahissants ?

Perdre le contrôle est une source de souffrances pour beaucoup d'autres futures mères. La peur excessive de perdre le contrôle est le résultat d'une insécurité qui remonte à une période infantile. L'enfant n'ayant pas été suffisamment sécurisé, tente de trouver en lui des forces et des stratégies pour y faire face. Ces stratégies reposent sur l'anticipation et un état de vigilance permanent face au danger ou à ce qui s'annonce comme tel. On trouve alors des stratégies d'évitement, des renoncements, tout ce qui tend à minimiser les risques. Il y a une perte totale de spontanéité, tout devient source de stress, de mise à l'épreuve, épuisant.

La grossesse va particulièrement venir réactiver cette problématique de recherche d'une maîtrise sur les événements.

Est-il possible de penser le but sans se donner tous les moyens pour l'atteindre ? Dans la grossesse, le but est certes connu mais aménager les moyens va s'avérer en partie vain. Il y a bien sûr de l'insécurité et pourtant il est nécessaire d'accepter ce qui ne peut ni se contrôler ni s'imaginer. C'est l'incontournable lâcher-prise qui est en jeu. C'est ce que reconnaît Aicha à sa façon :

Comment vais-je y arriver ?

« Je peux éviter de manger cru, laver ma salade six fois sous l'eau, aller à tous les cours d'accouchement mais je sens bien que ça m'échappe, au moins je vais faire un projet de naissance, c'est déjà ça ! »

« J'ai peur de ne pas supporter l'accouchement, je me persuade que je vais y arriver, il faut que je tienne le coup. Je n'ai pas envie de m'effondrer, on peut se décourager, mais je ne pourrais pas faire face à un effondrement, c'est fondamental pour moi, l'image de moi ; être fière c'est important, je ne veux pas que mon conjoint soit traumatisé ou qu'il garde une vision déplaisante.

Pour lui, voir le liquide et le sang, c'est clair que... Non, non, non, je veux être couverte pendant le travail. Je ne veux pas qu'on lui propose de couper le cordon. Je demande tout ça pour la sauvegarde de mon couple futur... » **Aicha**

Aicha est une très jeune future maman enjouée et spontanée. Elle et son conjoint Miloud ont confiance en l'équipe. Aicha est bien consciente qu'il est illusoire d'anticiper le déroulement de l'accouchement prévu dans trois mois mais elle veut qu'on prenne la mesure de sa sensibilité à la douleur. Elle souhaite conserver sa pudeur et rester actrice de cet événement. Elle souhaite aussi que la naissance de son premier enfant ne corresponde pas à la date du décès de son père, mort il y a dix ans d'un accident de la circulation.

Sa demande légitime vient rencontrer cependant les limites du prévisible, nous pouvons l'assurer de notre soutien, du savoir-faire de l'équipe de la maternité, mais quelle autre garantie pouvons-nous lui donner ? Est-ce que derrière cette demande se cachent d'autres choses ? Effectivement, ce sont bien d'autres sujets de préoccupation qui émergent souvent.

L'anxiété à ce moment-là de la grossesse lui donne une véritable acuité. Cette lucidité sur son état lui offre l'opportunité d'évoluer, opportunité qu'elle n'hésite pas à saisir. La disparition de son père se réactualise et la douleur de son absence se redit en même temps qu'un travail de deuil s'effectue. Elle prend conscience que son anxiété était en partie liée à la peur de perdre à nouveau un être cher et en l'occurrence, ce bébé qui arrive.

Pourquoi ces résistances et ces doutes envahissants ?

Elle a peur d'être à nouveau confrontée à une épreuve, même si celle-ci ne semblait pas au départ être du même ordre. Après plusieurs entretiens auxquels participera le futur papa, elle sera assurée qu'il est tout à fait à même de la voir perdre pied pour la mise au monde de leur enfant. S'appuyant sur son soutien et leur lien, elle va de plus accepter elle-même sa propre capacité à défaillir en sachant qu'elle peut être soutenue. De plus en plus confiante dans le lieu où va naître leur enfant, elle se sent prête à avoir confiance en la vie.

Perdre la maîtrise de soi, ne pas être à la hauteur des attentes des autres sont des sensations qui obligent à chercher des solutions, voire des palliatifs. Ainsi on trouve une parade dans le « projet d'accouchement », renforçant l'illusion de pouvoir anticiper alors que l'événement met à l'épreuve, au contraire, la capacité à s'adapter.

Se rassurer pour pouvoir accepter

« Je crois que mon projet d'accouchement ressemblait à mes lettres au Père Noël quand j'étais enfant. Maintenant que j'ai vu la salle d'accouchement et la chambre, ça me suffit, arrivera ce qui arrivera... » me dit au bout de quelques semaines **Aicha** qui, après une légère menace d'accouchement prématuré a relativisé son besoin de maîtrise et n'attend plus que de découvrir sa fille dans quelques jours.

Être « habitée », hôte d'un petit être qui se développe à l'intérieur de soi n'est pas rien ! Des frôlements d'ailes de papillon en passant par la caresse, des retournements brusques, des coups, un poids douloureux, une douce présence sont évoqués. Les mots pour le dire laissent entendre toutes sortes de ressentis et les affects qui leur sont liés. La mère sent un bébé agité, tonique, turbulent, ou bien calme, serein, gentil et semble projeter ce qu'il sera. Tel le renard sortant de sa tanière en scrutant l'horizon et ses dangers, la future mère devient de plus en plus vigilante, s'informe, anticipe, partage et se rassure lentement.

Heureusement, le sommeil grâce aux rêves nocturnes nous offre des scénarios imprévus dont nous sommes le réalisateur et qui nous font vivre une palette de situations suscitant réactions et émotions. Ainsi, un travail se déroule dans la nuit : une femme se transforme doucement en la mère capable d'accueillir son nouveau-né. Le rêve, comme la rêverie, ont un pouvoir puissant. Ils vont faire travailler dans la nuit ce qui ne peut pas se concevoir dans un état de vigilance. Ils participent à leur manière à l'adaptation. Donner forme à l'enfant, c'est le concevoir d'une autre manière et accepter aussi la forme que cela prendra. Écoutons-les :

Des rêves qui en disent long...

« Je cauchemarde, il sort de moi sur le côté, il marche tout seul et s'éloigne, je n'arrive pas à le rattraper, je me réveille épuisée... » **Armelle**

« J'étais chez moi dans mon appartement, mais ce n'était pas chez moi... j'avais des contractions... Ça y est... Je cherchais ma valise... Je courais... Et puis je vois au niveau du ventre... une petite main qui sort... Et ma sœur était sur une chaise avec mon enfant, le ventre relié au cordon sur une chaise. Le ventre ne m'appartenait plus, les genoux de ma sœur, elle s'appropriait mon bébé, ma grossesse... J'ai vu mes parents, c'est comme si j'avais réintégré la famille, j'y étais mal, qu'est-ce que je faisais là ? Je voulais m'enfuir... Ils m'en empêchaient. Je me suis rappelée que je l'avais déjà rêvé. » **Deborah**

Pourquoi ces résistances et ces doutes envahissants ?

> « Je me voyais dans un miroir, mon ventre. Je voyais la forme du visage du bébé, la peau était tellement fine, je voyais tout. J'attrapais son doigt à travers la peau, le bébé me regardait, c'était beau, je prenais conscience qu'il me regardait. Sa main était bien formée, la main d'un bébé qui devait naître, c'était d'une force, une petite main qui cherchait quelque chose pour sortir, il m'a attrapé par un doigt à travers la peau. Finalement, il s'est passé quelque chose, j'ai ressenti une envie de la voir que je n'avais pas avant ! »
> **Justine**

Ces cauchemars ou ces rêves anxiogènes sont fréquents. L'enfant est très étranger à soi tout en étant au-dedans de soi. Il est donc étrangement représenté parfois difforme car facilement assimilé à une réalité étrange que le travail du rêve nocturne va permettre d'intégrer. Par ailleurs les inquiétudes autour des malformations du bébé à venir sont présentes et légitimes. L'inquiétude déverse donc son lot d'images, chaque nuit, à la dormeuse pour que la réalité soit acceptable.

S'adapter va renvoyer chaque future maman à des capacités dont elle sait plus ou moins disposer en fonction des expériences de la vie qu'elle a traversées. La capacité d'adaptation aux contraintes dénote une possible souplesse, une capacité à se sentir confiante et en sécurité quoi qu'il arrive. Elle demande donc une certaine maturité.

La maturité donne un recul, une souplesse, permet l'ajustement. Mais parfois, tel le masque de la *commedia dell'arte*, une partie est adaptée, souriante pendant que l'autre est triste. Les deux parties sont dissociées l'une de l'autre : la femme enceinte radieuse et la petite fille qui se rapproche de ses parents et doit s'en éloigner en perdant son statut et ses rêves. Pourtant ces deux figures peuvent prendre soin l'une de l'autre et cumuler leurs forces pour donner naissance à une « mère bien intentionnée », « normalement douée » selon les termes proposés par Winnicott. Nous développerons cette notion dans la 3e partie, chapitre 8, page 137.

Chacune a des capacités d'adaptation singulières et insoupçonnées pour vivre sa grossesse. Porter l'enfant dans un état de juste disponibilité et d'attention à lui, sans trop sentir d'empiétement sur sa propre zone de confort, c'est ce que font la plupart. Cela sera d'ailleurs un bon atout dans la parentalité à venir.

Pouvoir penser que cet état a ses lois mais qu'il ne dure pas. Cela est d'une grande évidence pourtant l'expérience montre qu'une partie de nos difficultés est bien souvent liée à une relative distorsion du temps et l'impression décourageante que celles-ci ne cesseront pas.

S'adapter, c'est donc...

- Se positionner progressivement dans une identité de mère ;
- quitter le repère qu'offre le statut d'enfant ;
- traverser cet état de vulnérabilité potentielle et de sensibilité ;
- intégrer et protéger ce tiers inconnu et si proche qui transforme ma vie ;
- s'habituer à un certain niveau d'inquiétude concernant le bon développement du fœtus ;
- se préparer à l'accouchement qui est une performance sportive et émotionnelle unique ;
- faire face au regard des autres et à leurs attentes ;
- vivre tout ça dans une relative solitude.

POURQUOI CES RÉSISTANCES ET CES DOUTES ENVAHISSANTS ?

L'enjeu est de devenir mature, c'est-à-dire d'atteindre un niveau de responsabilité et d'ouverture à l'autre suffisant. C'est même la clé pour bien vivre sa grossesse : il s'agit de créer ce petit être, tout en restant pleinement créative pour soi.

Pourquoi avons-nous fait cet enfant ?

> « L'observation clinique nous montre, non seulement que, régulièrement et d'une façon inattendue, la haine accompagne l'amour (ambivalence), que la haine précède et annonce l'amour dans les relations humaines mais aussi que, la haine se transforme en amour et l'amour en haine. »
> Sigmund Freud, *Essais de psychanalyse*.

Le désir d'enfant ne donne aucune garantie sur la façon dont la femme peut vivre et profiter de sa grossesse ni sur sa capacité à se sentir prête à accueillir son enfant.

L'intensité de l'investissement de la grossesse est très variable d'une femme à l'autre. Toutes n'ont pas le même fonctionnement psychologique, un même processus peut être accepté, mis à distance, rejeté, vu dans ses aspects positifs mais négatifs aussi. Est-ce à dire que l'être humain serait toujours ambivalent, quoi qu'il arrive ? Ce décalage entre amour et hostilité n'est pas toujours ni pensable ni très avouable. Pourtant, l'ambivalence est normale, elle est même légitime : elle est comme la rose et ses épines. On en a une première expérience dans la fratrie avec l'envie et la jalousie que peuvent susciter des frères et sœurs, pourtant aimés et proches.

Qu'est-ce que l'ambivalence et à quoi sert-elle ?

L'ambivalence s'avère en réalité très précieuse. Elle est un état émotionnel. Un espace où les contraires invitent au métissage. Un état qui incite à la tempérance. Il est parfois peu confortable, voire culpabilisant. Il est lié au dynamisme de nos mouvements pulsionnels. Il est une capacité à éprouver de l'amour et de l'agressivité pour une même personne sans toutefois que l'intégrité de l'un ou de l'autre en soit menacée. Cet état d'ambivalence est gage de la pérennité du lien et de sa souplesse. S'il reste sans débordement, il met chacun des deux partenaires du lien dans une juste distance où aucun n'est idéalisé. On peut décevoir l'autre sans forcément chuter dans son estime ni dans sa propre estime de soi. On peut donc investir un être cher comme le conjoint, les parents, les amis de cette façon et dans une continuité sans que le lien en soit altéré pour autant. On peut même avancer que le lien y gagne en durabilité et en indépendance. On peut donc investir son enfant à venir dans cette juste mesure aussi, de façon ni trop fusionnelle ni trop à distance.

Une ambivalence difficile à accepter

« Mais pourquoi je serais ambivalente ? Nous avons désiré cet enfant depuis longtemps, il scelle notre lien, je ne veux pas que l'amour recule ! »

« Je croyais que je serais heureuse pendant ma grossesse, mes amies, mes sœurs, ma mère m'ont vendu du bonheur assuré, c'est faux ! Je leur en veux terriblement ! »

Elle poursuit avec beaucoup d'émotion et d'inquiétude : « Je ne sais pas si c'est le corps qui refuse ce qu'il y a dans la tête ou si c'est la tête qui refuse ce qu'il y a dans le corps mais je vomis du matin au soir... Je crois que je vomis mon enfant... » **Mathilde**

Pourquoi ces résistances et ces doutes envahissants ?

La maternité est un état fragile de relatif équilibre. Dire ce qui perturbe, ce qui ne va pas dans le sens de ce qui était attendu est nécessaire. Car, très naturellement, les mouvements hostiles et donc l'ambivalence vont être refoulés.

En revanche, si les événements difficiles, les conflits anciens ou les émotions négatives ne sont pas résolus, ni pensés ni parlés, ils vont trouver un relais idéal pour s'exprimer : le corps.

Dans ce corps pour deux, dans le silence, sans possibilité de décodage, l'ambivalence fait un chemin silencieux. Il s'agit alors dans un deuxième temps de décrypter ce qui se dit là et qui arrive voilé : un symptôme. C'est ce que l'on nomme la psychosomatique. Les symptômes d'ordre psychosomatique sont nombreux. La localisation du symptôme dans le corps n'est jamais dénuée de sens (sphère digestive, intestinale, douleurs dorsales etc.). Dans ce corps, à l'avant-scène, la femme enceinte rejoue beaucoup d'histoires anciennes et, justement, beaucoup de sentiments contradictoires. Il y a chez certaines mères une grande perméabilité entre le corps et la psyché, et la grossesse ouvre la voie à ses expressions et à leurs débordements.

On ne peut pas toujours connaître le pourquoi ni les mots de son propre malaise. On ne peut pas toujours s'autoriser à l'exprimer, c'est pourquoi les vomissements, nausées, douleurs diffuses et diverses manifestations tels que des troubles de l'alimentation, fatigue chronique, troubles du sommeil doivent être pris en compte. Cela peut aller aussi jusqu'à la menace d'accouchement prématuré. Ces maux rendent le parcours de la grossesse encore plus complexe, coûteux, et pénible.

Dans ce cas, la grossesse est venue définitivement troubler un équilibre qui fonctionnait auparavant de façon apparemment satisfaisante. Des affects de profonde tristesse, de nostalgie durable, des manifestations d'anxiété perdurent. La sensation d'être dépassée envahit le champ et assombrit les perspectives de vivre une grossesse sereine.

Les troubles dépressifs pendant la grossesse ont fait l'objet de nombreuses études dans le but d'une prévention de la dépression du post-partum (celle qui se déclare après l'accouchement). Les chercheurs ont remarqué que 65 % des femmes ayant présenté une dépression post-partum avaient traversé un trouble dépressif en cours de grossesse.

Ce symptôme dépressif est assez fréquent puisqu'on le retrouve chez près de 20 % des femmes enceintes. Voilà une réalité peu connue : oui, on peut faire une dépression pendant la grossesse. En 2001, une étude dirigée par le Dr Evans et son laboratoire de recherches ont situé la prévalence de la dépression de 13,5 % à 32 semaines de grossesse et de 9,1 % à 8 semaines après que le bébé est né. La dépression est donc plus fréquente à 32 semaines d'aménorrhées qu'à 8 semaines après l'accouchement, révèle le *British Medical Journal*. Cette étude révèle également que l'entrée dans la dépression est même plus fréquente entre 18 et 32 semaines d'aménorrhée qu'entre 32 semaines d'aménorrhée et 8 semaines après l'accouchement. Ainsi c'est à tort qu'on parle davantage du baby blues en laissant dans l'ombre la dépression pendant la grossesse.

J'ai, pendant de longues années, perçu la difficulté pour le corps médical de l'admettre et de le prendre en considération ce mal-être. J'ai vu bon nombre de médecins concentrés sur leurs responsabilités,

Pourquoi ces résistances et ces doutes envahissants ?

sur les étapes de la grossesse dans sa dimension physiologique et sur le but à atteindre. Il n'est pas dans leurs attributions de penser ou de remettre en question un amour maternel qui doit aller de soi ni de prendre en compte les humeurs des unes et des autres. Rien ne les y a préparés. Le champ maternel, lorsqu'il est étiqueté problématique, est très vite relégué aux compétences des seuls psychiatres.

Par faute de moyens et faute de temps aussi, les nombreux et divers professionnels (sages-femmes, infirmières, pédiatres, puéricultrices, auxiliaires de puériculture…) que chacune va rencontrer peuvent ne pas repérer ou bien minimiser ce profond mal-être.

Et puis, face aux professionnels, il n'est pas aisé pour la future mère de le dire d'emblée ni de se confier. Vouloir le partager avec des proches n'est pas particulièrement simple non plus…

Pourquoi suis-je si ambivalente ?

Je suis ambivalente car à côté de mon désir d'enfant :
- je procrée comme mes parents ;
- je prends définitivement un statut qui exige des responsabilités ;
- je ne maîtrise plus ce qui m'arrive ni dans mon corps ni dans mes émotions ;
- je n'aime pas ce qui est inconnu ;
- j'ai peur de ne plus avoir de temps pour moi ;
- je crains que cet enfant ne mette mon couple en danger ;
- cet enfant demande que je renonce à mon équilibre ancien ;
- je ne sais pas si je vais être à la hauteur de ce qui m'attend.

Ce n'est pas si grave… je dois m'autoriser ces contradictions.

Je dois savoir m'adapter aux événements extérieurs

Pendant la grossesse, le monde continue à tourner et pas forcément rond ! Alors que le couple a commencé son mouvement de repli et d'intériorisation, voir surgir des événements difficiles et concomitants à la grossesse est souvent impensable et anxiogène. D'autant plus que, lorsque la date de la conception est connue et qu'un savant calcul a permis de déterminer la date approximative de l'accouchement, se crée une sorte de bulle qui est vécue par les futurs parents comme impénétrable. Ainsi, tous les événements qu'ils soient minimes, ou au contraire pénibles, voire traumatiques vont être vécus comme une intrusion, devenir difficilement métabolisables et potentiellement inquiétants pour la future mère.

D'autre part, l'événement même de la grossesse est un événement sans repères tant chaque gestation est unique et présente des paramètres assez différents. Parfois des souvenirs, des événements difficiles sont associés à la grossesse et peuvent la surcharger d'émotions non désirées. D'autres femmes au contraire vont être en pleine confiance. Mais même lorsque l'ensemble de la situation est satisfaisant, bien vécue et épanouissante, il n'est pas rare que des événements imprévus s'invitent.

Cela peut être :

- Des difficultés au travail : l'état de grossesse, on l'a déjà vu, crée une sensibilité particulière et une éventuelle prise de distance vis-à-vis du monde du travail et de ses valeurs, voire un réel désinvestissement.

POURQUOI CES RÉSISTANCES ET CES DOUTES ENVAHISSANTS ?

Ainsi, il est fréquent que des difficultés surgissent à cette période. Les problèmes relationnels peuvent être accentués par le congé maternité à venir et l'heureux événement n'est pas forcément heureux pour l'employeur. Cette période est propice à des tensions, à des demandes inhabituelles de performance, voire parfois à une certaine pression. La remise en question des équilibres entre travail et vie familiale sera vite perçue par l'environnement de travail comme contraignante. Lorsque débute le congé maternité, la mise en retrait de l'activité professionnelle peut créer un vide.

Quant au retour, il ne se fait pas non plus sous les meilleurs auspices. Les collègues peuvent se montrer moins solidaires : certains sont parents, mais pas tous. Par ailleurs, la carrière de la femme passe souvent en second. Le conjoint peut avoir une vision différente de sa compagne de l'implication qu'elle devrait avoir dans son activité professionnelle. Le temps va être organisé différemment, les priorités ont définitivement changé.

- Des événements familiaux : une vie de famille est rarement tranquille et lorsque des périodes de stabilité s'installent, le changement n'est pas loin ! La liste des événements perturbateurs est connue : maladie, séparation, divorce, adultère... Chacun a fait plus ou moins l'expérience d'événements imprévus, de découvertes accidentelles qui peuvent rompre définitivement l'ordre prévu.
- Des changements de lieu de vie : quand bien même ils sont envisagés et attendus, ils se révèlent la plupart du temps stressants. La gestation nécessite le plus possible de calme et de stabilité. Les

déménagements fréquents, les mutations professionnelles peuvent réellement venir renforcer une anxiété jusque-là gérable.
- Des événements graves : qui menacent nos vies, imprévus et traumatiques comme des agressions, des attentats. Ils déstabilisent notre identité citoyenne et appellent une réaction ajustée, justement difficile à trouver pour la future maman, déjà fragilisée.

Comment trouver la faculté de s'adapter à ce qui survient, alors que la grossesse a déjà tendance à créer un effet de saturation de ce potentiel adaptatif ? Nous sommes d'ordinaire plus ou moins disposés à répondre à ces contraintes, aux empêchements de tous ordres et à les supporter. Leurs freins entraînent à différer, à renoncer à ce qui était attendu. Un territoire apparaît alors, propice à la nouveauté grâce aux réajustements dont nous sommes capables.

Changer de cap, de point de vue, la vie nous y force sans cesse, pourquoi nous épuiser à résister ?

Je perds le contrôle de ma vie

> « Un paysage est lié avant tout à une disposition de l'âme.
> Il y faut une préparation qui se fait à notre insu. »
> Etel Adnan, « Paysage ».

Le chemin de la grossesse est sans balise. Accueillir l'inconnu, c'est bien ça attendre un enfant. Et pourtant il est fréquent que nous voulions garder une part de contrôle sur ce qui va arriver ! Perdre le contrôle, c'est perdre le sentiment d'une continuité de soi, d'une vie qui s'est organisée avec des repères relativement fixes.

Pourquoi ces résistances et ces doutes envahissants ?

Une temporalité nouvelle s'installe qui pour l'instant s'étend aux neuf mois qui viennent. Ils vont être balisés comme un sentier de randonnée par des rendez-vous médicaux, des échographies ou des « explorations fonctionnelles ». Les trois premiers mois de la grossesse sont souvent tissés de peurs chez la plupart des couples. Il s'agit essentiellement de la peur d'une fausse couche précoce, la gestation est alors gardée secrète et la joie est remplacée par la crainte. Le cercle des informés est alors restreint ce qui restreint aussi la capacité des soutiens.

> ### Accueillir sans maîtriser
>
> « Je perds totalement le contrôle, quelque chose ne va pas, avant je me sentais légère, je me sens tout en gris, un manque d'énergie vitale, je suis prise dans une toile d'araignée, une tristesse sans fond… Je ne sais plus ce que j'attends. » **Virginia** semble vulnérable, son congé maternité n'est plus très loin et son humeur est au plus bas.
>
> Julie, de son côté est plus tranquille : « Je me centre sur ce qui se passe à l'intérieur de moi, je sens des tonnes de choses, moi qui étais hyperactive, je ralentis mon rythme, je rêvasse, je prends une lenteur inhabituelle, je change, ça m'impressionne mais c'est plutôt agréable. » **Julie**

C'est l'ensemble des mises à l'épreuve ainsi que le retour de souvenirs de l'enfance qui entraînent cette perte de maîtrise. La grossesse peut être bien intégrée ou favoriser des perturbations émotionnelles qui peuvent durer, sans toutefois prendre un aspect pathologique.

> **En devenant mère, de quoi ai-je peur ?**
>
> J'ai peur de perdre :
> - mon statut de fille ;
> - l'attention de chacun ;
> - mon enfance, mon adolescence ;
> - ma féminité ;
> - l'harmonie, la fusion avec mon compagnon ;
> - mes précieuses habitudes ;
> - mes capacités d'anticipation ;
> - mon insouciance ;
> - les plaisirs et les temps de loisirs.

Tenter de trouver un autre équilibre pour installer une nouvelle stabilité passe par différentes étapes. Une certaine anxiété est de mise et elle est souvent féconde : elle permet une réelle vigilance qui va aider la future maman à anticiper. Cette anxiété est donc à apprivoiser. Fidèle compagne pour certaines, l'anxiété peut se révéler à d'autres au cours de la grossesse parce que la vie d'un petit être est en jeu. Ses mécanismes sont encore mal connus. Elle témoigne d'une difficulté à s'adapter, à prendre du recul. Elle peut créer un sentiment pénible d'insécurité. Elle est composée de sensations corporelles, de moments de préoccupation, d'appréhension et de soucis permanents ou passagers. Il est souvent difficile d'établir une frontière nette entre une anxiété intermittente et normale et de véritables crises nommées « attaques de panique ». L'environnement familial et amical représente souvent un recours, un relais calmant pour installer une temporisation.

POURQUOI CES RÉSISTANCES ET CES DOUTES ENVAHISSANTS ?

> **Face à ma grossesse, qu'est-ce qui m'angoisse ?**
>
> L'anxiété des futures mamans est centrée sur :
> - l'accouchement et la capacité à supporter la douleur ;
> - la bonne santé de l'enfant ;
> - la capacité à être mère ;
> - la capacité à mettre à bonne distance certaines personnes proches au moment de l'arrivée de l'enfant ;
> - la réussite de l'allaitement maternel ;
> - la capacité à être à la hauteur des attentes du conjoint ou de certains proches.

Écoutons l'anxiété pointer dans ce qu'elles en disent :

« J'entre dedans, la plénitude je n'y suis pas encore, c'est bon, je ne peux pas encore m'affranchir de l'idée qu'il ne se passe pas quelque chose de pénible. » **Claire**

« C'est un nouvel apprentissage de vie dans ma tête, il y a une conscience du dedans qui est bonne, qui fait du bien, je reste en alerte quand même. » **Anita**

« Je suis enfin entrée dans ma grossesse, ça va bien se passer. Je veux réussir aussi bien mon accouchement. Est-ce que toutes les femmes ont peur de l'accouchement ? » **Josie**

« Je veux allaiter, mon conjoint m'encourage, j'espère que ça se passera bien parce que ma mère m'a dit qu'elle ne m'avait pas allaitée parce qu'elle n'avait pas de bout de sein, est-ce que ça fait mal quand le bébé tète ? » **Francine**

« J'ai ce manque de douceur, une carapace, est-ce que je vais aimer ma fille, est-ce qu'elle va m'aimer ? » **Catherine**

« J'ai déjà une fille, elle est trop sensible, elle sent toutes nos tensions de couple. Je veux un garçon, ils sont plus autonomes, moins dans l'affectif mais c'est du nouveau pour moi, est-ce que je vais être à la hauteur ? » **Jessica**

Toutes entrent dans un espace nouveau, facteurs de risques inhérent à la vie mais champs du possible surtout.

Est-ce que mon conjoint peut me comprendre ?

« Hommes et femmes ont ainsi à avancer en un travail psychique d'identification réciproque où il s'agirait de s'ouvrir et de se laisser transformer par l'autre, pas seulement dans ses compétences ou ses qualités, mais aussi dans son versant douloureux et nocturne. »

Jacques Arènes[1]

Ce qui rapproche les hommes et les femmes est sans doute bien plus vaste que ce qui les sépare. Hommes et femmes se font parents dans un jeu de miroir et de paroles où se construit la capacité d'appréhender et de comprendre ce vers quoi ils vont. Ensemble ils peuvent se soutenir, se renforcer et se réconforter.

Durant toute la grossesse le régime métabolique de la femme est particulier. D'un point de vue hormonal, neurovégétatif, l'ensemble du corps est au service de l'hôte qu'il accueille. On assiste bien sûr, aussi, au phénomène inverse : une montée de la libido.

Par ailleurs, d'un point de vue psychologique, l'heure est au repli et à la rêverie. Il est plus fréquent que l'humeur varie. La tristesse

---

1. Jacques Arènes « Être homme, être père : une fausse évidence », Revue Imaginaire et inconscient n° 36, 2015.

Pourquoi ces résistances et ces doutes envahissants ?

ou l'irritabilité viennent alors entraver les liens conjugaux et peuvent perturber les relations habituelles. Il va s'agir de trouver des réponses nouvelles pour le conjoint qui, lui, est en général fixé sur la date d'accouchement et attend relativement sereinement. Il est souvent surpris devant cette amplification des réactions. De tels changements et revirements ne caractérisaient pas sa compagne et le laissent plus ou moins démuni. On aurait tort de penser qu'il est à contretemps. Pour remplir son rôle, il est important qu'il soit mobilisé dans un état de vigilance différent de sa compagne.

Mais il faut se rendre à l'évidence : ce qui était stable ne l'est plus. La traversée se fait avec certaines zones de turbulences dans un relatif inconfort. Ainsi, les interrogations et les doutes sur le couple et le conjoint peuvent envahir le champ d'une grossesse pourtant bien engagée.

Les papas font du mieux qu'ils peuvent...

« Je me retrouve en congé maternité et mes journées sont si longues... Je n'en profite pas, ni pour aller au cinéma, ni pour faire une expo. Je me sens seule, fragile, fatiguée. Je suis vite irritée avec lui, pourtant je trouve qu'il a le souci de me décharger de la logistique » dit Mathilde qui semble toujours en dysharmonie avec un état sur lequel elle ne peut encore pas trouver de point d'appui.

Florian qui l'accompagne prend la parole :

« Moi je suis dedans comme toi, j'essaie de te montrer que je suis bien là mais je m'inquiète de te voir dans cet état avec des pensées négatives. Tout est prêt, on a la chambre du bébé et tout va bien se passer, ma sœur a eu des jumeaux et ils se sont bien débrouillés. »

Le calme et la dévotion de Florian ne rassurent pas sa compagne. Bien au contraire, elle se sent responsable d'avoir des pensées tristes ; par ailleurs, la comparaison avec une autre femme plus efficace qu'elle va accentuer son malaise. En tant qu'observateur, cette situation sur laquelle il a peu de prise est inconfortable pour Florian qui est très engagé et va percevoir assez rapidement que l'état de la future maman va demander plus de vigilance et d'aide que ce qu'il a certainement imaginé au départ. Miloud, de son côté, est rassuré. Il a eu, comme Aicha, de nombreux frères et sœurs cadets dont il s'est occupé et ça l'amuse de revivre ça :

> « Pas de problème moi je suis prêt, on a eu tous les deux la même éducation, on se chamaille juste sur le prénom ! » **Miloud**

Le fait que Miloud ait le sentiment de connaître cette situation le rend plus empathique vis-à-vis de sa compagne C'est pour lui rassurant et cela lui donne une apparente aptitude. L'arrivée du bébé va pourtant créer une surcharge émotionnelle qu'il faut pouvoir penser.

La capacité des hommes à s'identifier à leurs femmes enceintes est très différente d'un couple à l'autre. Certains vont adopter des attitudes de dégagement, voir de fuite ou de réel désintérêt. Pour d'autres, la proximité avec la grossesse de leur compagne est immédiate avec une légère inquiétude, parfois aussi des émotions fortes, des attentions constantes, un partage de l'attente. Là encore toutes les situations se rencontrent.

Pourquoi ces résistances et ces doutes envahissants ?

Les symptômes d'identification chez le papa

La première se demande ce que traverse sont compagnon : « Il change, il est inquiet, il mute, comment on va se rencontrer ? J'ai l'impression qu'on change tous les deux de maison, on se reconnaît plus. » **Arielle**

La deuxième au contraire est aux anges d'avoir trouvé un compagnon aussi investi :

« Moi je fais les enfants et lui les porte : à la fin de mes grossesses, il s'appuie sur les voitures tellement il a mal au ventre. Il veut faire des examens et préfère les faires là où je passe mes échographies. » **Sophie**

Est-ce que tout le monde sera au rendez-vous de l'arrivé de l'enfant ? Fort heureusement une grossesse dure 9 mois ! C'est un temps suffisamment long et nécessaire pour s'adapter aux grands changements !

Le conjoint a toutes possibilités de comprendre sa partenaire

- Grâce à l'amour et la parole qui les lie.
- Il a lui lui-même été un bébé.
- Il a déjà vécu la proximité avec sa propre mère
- Il a une palette de sentiments et d'émotions et des identifications au féminin.
- Une part de lui est potentiellement féminine.
- Il a eu un père et a intégré un savoir-faire.

Mon corps, ami ou ennemi ?

Mon corps n'est plus vraiment à moi !

> *« La jeune fille prête l'oreille à son propre corps*
> *où un avenir étranger commence à bouger. »*
> Rainer Maria Rilke

Le corps en gestation est un corps qui parle malgré lui. Il dit à l'entourage la sexualité du couple en même temps qu'il en porte le fruit. Il dit un état interne d'attente, il dit un travail à l'œuvre qui reste toujours un grand mystère pour tous. Il est comme transparent et le regard qu'il attire ou le toucher intempestif qu'il suscite peut être sources de désagrément, d'anxiété ou de repli pour la future mère.

Ce ventre rond suscite envie, convoitise, curiosité mais aussi tendresse et protection. Chacune l'interprète à sa manière. Il est une occasion de porter sur le monde environnant un regard neuf. L'enfant ouvre le monde dans lequel il arrive, le transforme de semaine en semaine. Chacun se sent un peu concerné par une femme enceinte. Ce qu'elle vit devient une magnifique occasion pour chaque femme de refaire la narration de son propre accouchement, de relater une anecdote ou de prodiguer un conseil qui sera plus ou moins bien venu.

Laissant un temps son corps d'avant, elle habite avec responsabilité et de plus en plus de conscience ce corps pour deux. Ainsi, la future mère doit porter l'enfant, porter les autres et « prendre sur soi » ! N'est-ce pas quelques fois la quadrature du cercle ? Le moment est voulu intime et il s'avère être tout le contraire. Tout cela est potentiellement déroutant. À l'inverse, certaines futures mamans pourront se sentir très valorisées et apprécieront ces regards et ces conseils, d'autres encore seront capables de ne pas y accorder d'importance.

> **Le corps, objet de tous les tourments**
>
> « Je me sens être seulement un ventre. Je n'intéresse les autres que par cette protubérance qui me gêne quand je me baisse, quand je veux continuer à faire du sport. Je suis ralentie, comme handicapée, j'ai l'impression d'avoir pris dix ans d'un coup ! » **Anne**
>
> « Je ne pense qu'à mon corps, aux transformations qui viennent, je suis seulement définie par ce corps qui grossit, je suis enceinte et c'est tout ! » **Julie**
>
> « Je suis une grosse boule de graisse qui ne prend pas soin d'elle ! Je ne suis plus maître de rien, je ne suis pas à l'aise, je vois des femmes enceintes qui sont minces et belles, là chez moi tout est confondu, la grossesse est partout dans le corps, les bras, les jambes, les fesses. Je ne suis pas libre de mes mouvements. J'étais très mince avant, je faisais de la natation, là ce n'est pas moi qui décide, c'est le bébé ! » **Virginia**

MON CORPS, AMI OU ENNEMI ?

Dans chacun de ces témoignages, il est intéressant de constater que le corps est vécu comme une enveloppe qui n'appartient plus à sa propriétaire et qui peut même être, parfois, réduit à une seule zone abdominale dont le contenu, l'enfant, reste à investir. Dans ce cas, le bébé est vécu comme une perturbation.

C'est par la capacité à dire et à analyser ses propres émotions que la future mère va acquérir de la souplesse et donc accepter ce corps qui change. Le corps pourra alors devenir habitat, nid, berceau, maison, creux.

À tout moment le corps peut également réactualiser des troubles somatiques, des troubles des conduites alimentaires, un éventail très varié de symptômes vus précédemment. Certaines décrivent des sensations de « déformation ».

> « Par moments je trouve que mon ventre est bien, mon corps harmonieux et que je peux supporter qu'il grossisse encore et à d'autres je me trouve grosse, déformée, comme prête à éclater ! » **Julie**

À travers ce témoignage, on sent bien à quel point le corps est soumis à des contraintes esthétiques relatives à notre époque. Pourtant, au-delà des préoccupations esthétiques, l'enjeu des transformations corporelles et le vécu qui lui est associé est beaucoup plus profond. La future mère peut avoir la sensation d'être traversée par des forces inconnues. C'est ainsi que l'identification entre elle et l'enfant qu'elle porte joue un rôle primordial.

> **L'identification, une définition**
>
> L'identification est un processus où l'individu se met à la place d'un autre, en assimilant une émotion, un aspect, une qualité, voire une de ses manières d'être. La personnalité est en partie constituée des différentes identifications aux personnes que nous aimons ou que nous côtoyons.

Ce corps habité est plus ou moins bien vécu selon que la mère éprouve une tendresse ou non pour ce petit être en devenir. Il peut parfois être identifié à « un trouble-fête » à « un ennemi exploitant l'organisme maternel ». Voilà qui est fort ! C'est pourtant en ces termes que parlait Winnicott qui à son époque, au siècle dernier, a osé dresser la liste d'une dizaine de raisons pour lesquelles une mère pourrait véritablement haïr son enfant !

En voici quelques-unes qui concernent la grossesse et qui peuvent éclairer notre propos :

- « l'enfant est très différent de ce que la maman peut imaginer » : elle le porte mais ne le crée pas, il lui échappe déjà ;
- « l'enfant n'est pas produit par magie » : il va falloir 9 mois pour le concevoir ;
- « l'enfant n'est pas celui du jeu de l'enfance » ;
- « l'enfant représente une interférence dans sa vie privée » ;
- « l'enfant est un danger pour son corps pendant la grossesse et à la naissance ».

Il avance entre autres que ce dernier peut donc représenter une menace vitale pour elle. Il émet une hypothèse facilement vérifiable en affirmant qu'il est nécessaire qu'elle éprouve ce vécu agressif et le supporte, afin d'éviter d'être dans une posture masochiste. On retrouve là notre concept d'ambivalence normale et nécessaire. Donc, si la future mère n'accepte pas d'être dans le rôle de celle qui donne, tout en ressentant parfois quelques mouvements d'hostilité, le corps qui a une capacité à réguler les affects, aura tendance à somatiser, voire à expulser l'hôte indésirable.

La transformation corporelle qu'exige l'accueil de l'enfant *in utero* est donc soumise à des phénomènes assez complexes, très souvent méconnus. Dans cette situation, la future mère vit cette étonnante réalité qu'est le mythe d'Androgyne : être deux en un seul. Elle est donc étrangement réceptacle, devient ce lieu habité dans une seule chair. Elle est en partie et pour un temps limité dépossédée de ce corps qui est entièrement au service de la reproduction.

> **Je prends mon corps en grippe !**
>
> « Je suis ralentie, j'ai des aigreurs d'estomac, je dors inconfortablement, j'ai besoin d'assistance pour sortir du canapé, je ne veux plus être dans cet état de double, là je commence à avoir hâte d'accoucher ! » **Bénédicte**
>
> « Je me sens être une mère porteuse, une pondeuse, c'est trop bizarre ! » **Natacha**

La carte géographique de la maternité est de toute évidence assez mal intégrée pour la plupart des femmes. Le fait de prendre le temps d'aller ensemble vers cette réalité est utile et déjà apaisant. On peut amener les futures mamans à la rencontre de cet hôte encore mal connu avec lequel elles doivent se familiariser. En s'appuyant sur une approche plurifocale autour de l'imaginaire du bébé et des représentations que la future mère a de lui, il m'arrive d'utiliser le dessin comme première approche. La consigne simple est de dessiner l'intérieur du ventre maternel sans souci d'une quelconque prouesse technique. L'imaginaire est riche d'une fantasmatique très variée autour du fœtus, et le dessiner tel qu'on le perçoit est un début de travail agréable et assez ludique. Même si le placenta est souvent absent, le cordon souvent mal positionné et la conscience anatomique de chacune assez précaire, on peut remarquer qu'au fil des rencontres ces fausses croyances prennent sens, se parlent, évoluent. Ainsi l'enfant attendu devient moins inquiétant. Il m'arrive aussi, mais un peu moins souvent, d'utiliser une planche anatomique de la gestation dans ses différentes étapes, sorte d'état des lieux lorsque la confusion et l'angoisse sont trop envahissantes.

Il est fréquent que j'utilise un autre outil moins connu qui est le rêve éveillé. La période de la grossesse est très favorable à la rêverie. La future mère est invitée à laisser aller ses pensées autour du fœtus, autour d'un mythe, d'un personnage de conte ou tout autre mot ou sensation qui arrive dans le cadre de la rencontre. Il arrive également qu'on puisse utiliser un rêve nocturne et le compléter comme ce qui suit :

> « J'ai rêvé d'une maison qui prenait l'eau et s'enfonçait dans la vase, une vague puis une deuxième arrivent et je suis propulsée à l'extérieur sur le sable… indemne, au loin je vois toute ma famille en train de faire un repas qui a l'air très gai, je marche, je les rejoins et je suis soulagée… » **Stella**

Ainsi, dans une atmosphère détendue, une image, un scénario que la rêverie engage vont être porteurs des peurs et inquiétudes diverses de la future mère mais aussi de ses forces vives et réparatrices dont chacune est l'artiste. Les sensations et le mouvement dans lesquels le corps et l'esprit sont mobilisés ont des vertus curatives extraordinaires. Ils resteront longtemps mémorisés.

Toutes les femmes ne sont pas dans la même disposition face à l'accueil. Pour que celui-ci soit réalisé de bonne grâce, il faut une identité bien assurée, des repères générationnels fiables, une facilité à se décentrer de soi…

Et la sexualité dans tout ça ?

Les femmes sont pudiques. Elles parlent peu de sexualité même si cela leur arrive d'en parler entre amies, dans l'intimité. Il faut savoir que la sexualité de la femme enceinte sera soumise à influence : la future maman sera très sensible aux événements extérieurs, au contexte et plus ou moins perturbée par ses émotions. Tandis que la sexualité de l'homme est plutôt linéaire, son désir stable.

Les femmes enceintes sont souvent déroutées d'être désirée alors qu'elles se sentent dans un corps qui ne leur appartient plus. Elles peuvent aussi être déroutées de susciter des fantasmes auxquels elles sont très étrangères car centrées sur la protection de leur ventre et de leur bébé. Ou alors, elles sont surprises par la montée de la libido et en rient en concluant « Maintenant, je comprends mieux les hommes ! ».

Françoise Dolto dans les années soixante s'est penchée sur la libido féminine dans son rapport à la maternité, Elle avançait des idées qui aujourd'hui encore paraissent très engagées :

« Gester, c'est manifester par un acte corporel sexuel sa soumission passive conditionnée ; son acceptation conditionnée activement ou le don de soi inconditionné aux lois de la création. »

La grossesse a donc un rôle vivifiant sexuellement, elle est au cœur de ce qui est pulsionnel en chacune. La maternité est alors une possibilité d'accomplissement vers laquelle la plupart vont naturellement. Françoise Dolto affirme que le corps qui s'offre dans la gestation redistribue à la femme une part de libido féminine. La femme enceinte se sent épanouie, plus puissante, plus femme, dans une capacité à affirmer son désir, à laisser émerger des fantasmes.

A contrario d'autres femmes restent confrontées à une incapacité d'aller vers ce nouvel état : elles se sentent contraintes, envahies, donc dans un versant passif peu agréable qu'elles ne peuvent pas transformer :

> « C'est comme la poire dans la bouteille d'eau-de-vie, elle est entrée mais comment on la fait sortir ! Mon bébé va bien je suis heureuse, il a tout ce qu'il lui faut, il grossit bien, il bouge beaucoup mais j'ai une gêne, une lourdeur, je ne peux plus avancer par moments, dans la glace je ne m'y retrouve pas forcément. » **Anne**

Une autre façon de réagir à cette gestation est celle de la mettre fièrement en avant, dans ce qui s'apparente à une exhibition. Le corps se cambre, le ventre est alors proéminent. Cette toute-puissance est habituellement renforcée par les regards complaisants de l'entourage.

L'attitude à l'égard du corps est pour chacun de nous prédéterminée en fonction des expériences et de la sensorialité acquise dans l'enfance. La période de l'adolescence avec l'arrivée des règles est également déterminante. La jeune fille pubère peut avoir été bien ou mal accueillie, bien ou peu soutenue dans cet avènement. Les premières expériences sexuelles marquent également ce corps d'empreintes indissolubles en le fragilisant ou en lui dévoilant sa force de séduction et son potentiel. La pratique du sport peut avoir renforcé sa structure et sa force et laisser la mémoire d'une assurance fiable en ses capacités.

Le conjoint doit pouvoir être rassurant sur la beauté de ce corps qui se transforme et qui n'en conserve pas moins sa sensualité. Jérôme, le conjoint d'Anne, si admiratif du ventre qui s'arrondit, n'en prend pas moins ses distances, il lui faudra faire le lien entre la femme qu'il désire et la mère qu'elle représente maintenant et qui l'inquiète, avant de revenir plus serein vers elle. La grossesse peut être alors le temps de l'affirmation d'une sexualité adulte qui assume ses désirs, la femme se sent désirable et désirée, en bonne santé, en forme, confiante et proche d'éprouver une sorte de supériorité de son état.

> Quand la grossesse conduit à une vitalité et à une sexualité épanouie
>
> « J'ai un appétit de vivre incroyable, une libido que je n'ai jamais connue auparavant, je me sens belle, forte de cette petite chose nouvelle qui vient... »
> **Célia**

> « Je me sens dans une bonne dynamique, j'ose afficher cette grossesse, c'est un souffle de vie, on me dit que je la porte bien, je la porte dans la journée et le soir je la vis au calme, je parle au bébé à voix basse, la vie est là... »
> **Josie**
>
> « Je n'y pense pas toute la journée, c'est naturel, je ne ressens pas de fatigue, je marche beaucoup, je nage... je vais en faire un sportif ! » **Armelle**

Une toute nouvelle image du corps prend forme en neuf mois qu'il faut intégrer. Elle sera amenée à se transformer à nouveau après l'accouchement. En faut-il de la confiance en soi pour assumer ces différentes étapes ! Et peut-être aussi une sexualité épanouissante et capable de transcender ces changements bouleversants pour se sentir réellement bien.

Ce corps qui change mon rapport aux autres

Le corps dans sa gestation devient un enclos, une forteresse à protéger et modifie bien évidemment le rapport aux autres. Grâce à cette dimension corporelle qui est mise en avant et valorisée, le lien entre la maman et le bébé pourra s'établir et se construire. Le temps nécessaire à la naissance de ce lien, à sa construction, puis à sa stabilisation prend neuf mois et passe par cette dimension corporelle et sensorielle. Mais c'est aussi comme si toute conduite maternelle était protégée par tous, voire sous surveillance. La future mère devient responsable de la bonne santé et du bon développement de son enfant. La future mère va faire l'objet de pressions sociales très nettes : certains comportements vont être valorisés tandis que d'autres vont être frappés d'interdit.

MON CORPS, AMI OU ENNEMI ?

Aicha y est particulièrement sensible et se sent sous contrôle, soumise au jugement permanent de son conjoint Miloud :

> « Courir, s'exposer au soleil, marcher, boire, danser, faire l'amour deviennent des conduites à risques, il contrôle tout, c'est la police à la maison ; il regarde ce qu'il y a dans mon assiette, tout est suspect, j'essaie d'en rire mais ça commence vraiment à m'agacer ! » **Aicha**

La future mère est par ailleurs soumise a des codes vestimentaires particuliers dont elle n'a pas toujours conscience. Elle est attendue là encore et doit se vêtir selon certains critères qui indiquent qu'elle se positionne bien comme protectrice, prudente, discrète, non exubérante, et disons le pas trop sexy non plus ! L'entourage et la société attendent des représentations de la *madonna con bambino* ! La femme doit s'en dégager ! La liberté des mères est encore en partie à conquérir.

Parfois, elle va trouver aussi des solidarités féminines, un groupe d'appartenance auquel elle n'est pas forcément habituée. Mais ce groupe a aussi ses tabous et ses non-dits qui peuvent la décevoir.

> **Des codes et des interdits avec quelques privilèges, quand même !**
>
> « De quoi parlent les femmes enceintes lorsqu'elles se rencontrent, c'est caricatural ! Elles parlent uniquement de bébé, de marque de poussette à acheter, d'expériences formidables de leur accouchement précédent, c'est fou ça ! » **Armelle**
>
> « Mon corps est une protubérance qui implique la mort sociale, une brique dans la bouche et un bandeau sur les paupières ! » **Sophie**

> « Moi j'ai toujours été ronde, l'image de moi enceinte est hyperagréable, c'est un atout, je me sens dans l'équilibre, là je ne suis pas gênée... »
> **Anne-Claire**
>
> « J'entre dans un autre monde, une autre civilisation, ce ne sont pas les mêmes règles sur la beauté, la sexualité, la façon de s'habiller, on revient à d'autres codes, un autre soi, pour le premier ce n'est pas top, après on s'habitue... » **Josie**
>
> « On me laisse passer à la boulangerie, les voitures s'arrêtent plus facilement au passage clouté où je prends mon temps, dans le bus on me laisse la place, je suis traitée comme une princesse ! » **Célia**
>
> « Je bois du café, ma meilleure amie me regarde de travers, je continue à porter des talons hauts, mon boss me dit que ce n'est pas prudent, non mais ! » **Sonia**

La femme qui porte un enfant prend, à son insu, un autre statut qu'elle va devoir assumer : cela va lui donner des droits et des devoirs. En tentant de résister, elle peut gagner encore un peu de temps. Elle peut encore imposer à l'entourage sa loi mais, qu'elle le veuille ou non, cette résistance ne durera pas très longtemps car la protection du bébé va s'imposer et l'emporter sur le reste.

Mon corps face au corps médical

Il est fréquent d'entendre les femmes évoquer la difficulté d'être entendues par le corps médical. Elles s'attristent de n'être qu'un corps qui porte un enfant. Il est rare en effet qu'elles sentent un intérêt de leur interlocuteur pour elles-mêmes.

La plupart du temps, elles sont interpellées par rapport à leur hygiène de vie, leur prise de poids, leur consommation d'alcool ou de cigarettes qui vont faire l'objet de restrictions. Elles se sentent sous surveillance, sous pression. Nombreuses sont celles qui acceptent les contraintes alimentaires, les arrêts de produits toxiques pour le fœtus ou les surveillances médicales imposées. Elles se sentent assez fréquemment contraintes et ne le vivent pas toujours au mieux. La grossesse semble devenir « coûteuse » et non simple et agréable comme elles l'avaient envisagée.

Le corps médical de son côté, gère une patiente qui *a priori* n'est pas malade mais en attente d'un heureux événement. La consultation se limite pourtant souvent à un examen somatique ce qui ne va pas aider à la rencontre. Tout ce qui va renforcer l'aspect médical est cependant nécessaire pour la bonne santé du bébé et l'accouchement à venir, mais c'est un art que de ne pas le faire trop sentir à une patiente, qui n'en est pas véritablement une. De surveillance de la grossesse en exploration fonctionnelle, la femme voit s'éloigner l'accompagnement qu'elle attendait. Le « Comment vivez-vous votre grossesse ? », reste en suspens et la solitude s'installe avec le sentiment de passer à côté de l'épanouissement tant attendu.

Il est bon de savoir que si le corps médical passe souvent à côté de la rencontre, c'est que son efficacité à agir serait forcément entravée par un trop grand espace donné au temps que demande la relation, à la singularité et aux attentes de chacune. Le sang-froid qu'on attend des praticiens leur impose une certaine distance, c'est le prix à payer de leur efficacité, en quelque sorte. L'accompagnement peut passer par d'autres professionnels qu'il est important de bien repérer. Dans les spécialistes de la rencontre, il y a bien évidemment le « psy » même si sa visibilité n'est pas toujours suffisante dans les lieux de naissance. Un tabou persiste : la grossesse est un heureux événement, le corps sait depuis la nuit des temps ce qu'il doit faire et la femme est comblée ! Pourtant, les futures mères doivent s'autoriser à être en demande. Très seules face à leurs doutes et leurs questionnements, elles peuvent exiger qu'on chemine avec elles. C'est de cette façon que les dépressions pourront être repérées et prises en charge. Et les futures mères n'en vivront que mieux leur grossesse et l'arrivée de leur enfant.

Faire la paix avec son corps

L'image du corps pendant la grossesse change et peut être troublée par :
- l'investissement centré autour de la zone abdominale ;
- la prise de poids de 8 à 10 kg ou plus qui peut être très mal vécue donc perturbante ;
- le corps pour deux qui génère une sorte d'étrangeté plus ou moins acceptée ;
- une pression sociale et des contraintes imposées assez fortes ;
- une médicalisation trop importante ;
- un changement dans une hygiène de vie non choisie.

Quelle conduite faut-il adopter avec le corps médical ?

L'ensemble des professionnels peut toujours faire évoluer sa capacité à écouter et à prendre soin des parturientes donc il ne faut pas hésiter à rompre le silence sur votre état et ne pas vous infantiliser :
- oser demander aux professionnels de prendre soin de vous et de vous accorder du temps ;

.../...

> .../...
> - vous autoriser à être un réel interlocuteur ;
> - rester toujours une future mère responsable, consciente que la grossesse peut évoluer vers diverses pathologies (entre autres la dépression).
>
> Une certaine distance de confort est à trouver entre la responsabilité de cet enfant à venir et la vie qui continue pour vous.

Virginia qui entre dans son sixième mois dit qu'elle a « mangé pour deux ». Elle se sent maintenant frustrée depuis qu'on a détecté chez elle un diabète gestationnel. Son régime la contrarie. Elle ne supporte pas les exigences des médecins. Par ailleurs, elle se plaint de son bébé qui donne des coups toutes les nuits et la réveille. Il y a une vraie fonction dans la plainte que Virginia a l'habitude d'adresser à son entourage. Cette plainte doit être entendue comme un appel à l'aide, une demande de prise en compte de ce qu'elle vit. Elle est en demande de consolation d'un état qui la submerge.

Lors de nos rencontres nous allons avoir recours au dessin qui vise à représenter le corps interne. Ce corps du dedans, c'est-à-dire la relation imaginaire entre l'habitat qu'offre la mère et son enfant. Au départ le fœtus semble flotter sans attache dans un corps fantomatique. Virginia en est elle-même assez surprise et émue. Les organes qui entourent l'utérus sont absents. L'anatomie interne n'est pas bien connue (ce qui surprendrait beaucoup le corps médical !).

La place de l'enfant n'est donc pas encore représentable pour Virginia. Elle va le devenir après que nous aurons pu comprendre pourquoi elle habite elle-même si peu son corps.

Deuxième partie

D'où ce mal-être peut-il venir ?

D'OÙ CE MAL-ÊTRE PEUT-IL VENIR ?

La grossesse suit son cours, le corps en émet tous les signes. Le bébé commence à bouger. Il est bien là. Au départ, quelques effleurements puis il s'enhardit. « C'est agréable » me dit l'une d'elles : « C'est comme des ailes de papillon, il me caresse… » ou « C'est comme des bulles vers le bas, ce petit être a déjà sa vie a lui… »

Pendant que quelques jours plus tard, une autre s'emporte et dit sur le ton de la colère : « Il me donne des coups, il me réveille, et après je n'arrive plus à dormir… »

Le corps et l'esprit sont absorbés par ce qui se prépare, dans un ensemble de sensations nouvelles. La future mère va mieux appréhender les rythmes de veille et de sommeil de son enfant repérant son positionnement, ses hoquets. L'entourage connaît maintenant la bonne nouvelle, il est temps de s'installer dans cette grossesse. Les rendez-vous avec le bébé vu à l'échographie l'ont rendu plus concret. Le lien se renforce en même temps que les caractéristiques du bébé se définissent. Le papa entre en jeu. Un dialogue peut s'installer. Très fréquemment les rendez-vous d'haptonomie[1] ou de préparation à l'accouchement lorsque le papa est présent créent des conditions optimales pour le développement réciproque de la relation à trois.

L'attitude corporelle change doucement en même temps que le ventre s'arrondit harmonieusement. Les représentations de l'enfant

---

1. L'haptonomie fait appel à la capacité des deux parents à aller vers leur enfant par le contact établi grâce au toucher. Elle a été introduite en France en 1978, par son créateur, Frans Veldman qui exerçait aux Pays-Bas. Elle est définie comme la science de l'affectivité.

étant plus claires plus concrètes, la période en règle générale est plus confortable.

La période est aussi celle de nouveaux questionnements qui n'apportent pas tout de suite leurs réponses.

Chapitre 4

J'attends un enfant

J'ai peur de ne pas avoir l'instinct maternel

Avec le deuxième trimestre de grossesse, le temps de l'attente devient aussi celui du doute sur le sexe du bébé. Des inquiétudes émergent quant à sa bonne santé. La sensibilité de la maman s'accroît. Aussi, différents états émotionnels se profilent dans ce deuxième trimestre avec la question centrale d'être ou ne pas être une bonne mère. Avoir ou ne pas avoir l'instinct maternel. Les questions qui se posent à la maman à cette période sont mêlées de doutes, d'émotions, voire de peurs. Winnicott l'a appelée la « préoccupation maternelle primaire ». Tout le monde connaît le Dr D. W. Winnicott sans le savoir puisqu'il est l'inventeur de l'objet transitionnel, ce fameux « doudou » que la mère aussi bien que l'enfant élisent pour compenser l'absence maternelle. Il a décrit la préoccupation maternelle comme un état intérieur de sensibilité où s'installe le souci tendre de l'enfant en même temps qu'une vulnérabilité toute première de la mère. Celle-ci se sent dépendante vis-à-vis du conjoint ou de personnes qui lui sont devenues indispensables. Cet état si particulier est nécessaire pour que la future mère rejoigne son enfant qui va arriver dans ce même état de fragilité. Ainsi dans la lourdeur de ses préoccupations se fait une mère : dans ce qu'elle s'imagine des caractéristiques de l'enfant à naître, des difficultés et des joies à venir se dessinent subtilement la mère qui va être en capacité de lui faire face. La qualité de la relation intra-utérine crée les prémices de la relation à venir.

Anne a encore peur qu'une partie d'elle-même ne se soit pas révélée avant l'arrivée de sa fille. Elle s'enhardit à poser la question de façon très spontanée :

> « Est-ce qu'on aime son enfant immédiatement, est-ce que lui aussi vous aime tout de suite ? Est-ce qu'il prendra le meilleur de moi ? Je l'espère si fort. » **Anne**

Anne se rassure au fil du temps et de nos rencontres, j'ai le sentiment qu'une mère est en train de naître devant moi, c'est très émouvant. Mais c'est quoi ce lien maternel ? Y a-t-il réellement un instinct de mère ? Est-ce comme un coup de foudre amoureux ?

Nous avons tous en tête les caractéristiques d'une mère qui serait aimante. On dirait qu'elle serait forcément généreuse, attentive, affectueuse, bien dans son rôle, patiente, bienveillante et qui plus est : disponible ! Ce tableau rêvé représente un prototype idéal quasiment inexistant et pourtant, porté par les mamans en devenir. Il est fréquent d'entendre les futures mères qui évoquent un lien à leur mère idyllique où ne plane aucune ombre et qui mêle connivence, proximité et symbiose. Aucun tiers ne serait jamais parvenu à interrompre ce dialogue fusionnel. Ou alors, peut-être que son aspect ambivalent n'a jamais pu être pensé ni vécu et qu'aucune agressivité ne le traverse ? C'est souvent dans ce contexte qu'on se trouve face à une quasi-absence de souvenirs, comme si rien n'avait atteint ni marqué ce duo qui se suffisait à lui-même. En rêvant ce lien entre notre mère et nous, nous l'idéalisons en général fortement. C'est dire la pression qui pèse culturellement sur lui et donc sur les futures mamans. Sa réalité est assez différente.

> « Elle était ailleurs, ma mère, et je l'ai vue très longtemps comme une mère poule, mais au lieu d'être en colère, d'avoir du reproche maintenant je suis triste pour elle, elle n'a jamais accédé à ce que je ressens si fortement pour mon enfant, comment faire du reproche à quelqu'un qui fait tout ce qu'il peut. » **Josie**

Chacune a son propre instinct maternel soumis à sa relation à sa propre mère, mais aussi à de nombreux autres paramètres. Ils sont culturels, peu déterminés, d'ordre biologique aussi. On voit ainsi tous types de mères face à leur bébé. Distantes, attendries, inquiètes, émues, attentionnées, perdues... Chacune se retrouve aussi dans un lien interactif où elle séduit et est en retour séduite par son bébé, l'apprivoise, le stimule ou l'incite à une certaine distance. Par ailleurs, les caractéristiques même du bébé influent sur la qualité de son maternage. En effet, Boris Cyrulnik s'est intéressé aux mères qui s'occupent simultanément de jumeaux. Il a remarqué qu'elles réservent plus systématiquement leur attention à celui qui a des caractéristiques physionomiques de rondeur et de réplétion. Ainsi, on pourrait définir cette interaction de la manière suivante : une mère est face à un enfant qui la sollicite et émet divers signaux et elle a des capacités de réponses variées. Certaines mères sont immédiatement captées et en phase avec leur nourrisson, c'est pourquoi on parle de coup de foudre à l'instar de ce qui préside parfois au lien amoureux. Pourtant, la comparaison s'arrête là car d'une part, tout lien durable ne commence pas par cette reconnaissance immédiate et a besoin de temps pour se déployer et d'autre part, le lien filial n'est pas l'équivalent du lien conjugal.

On peut se comporter de façons plus distantes, parfois plus inquiètes. Mais en règle générale, les aptitudes sur la durée évoluent vers un ajustement plutôt satisfaisant et l'amour prend forme pour chacune de façon très intime et unique. Il s'agira seulement d'être « une mère ordinaire normalement douée » comme nous y invite notre cher Winnicott, il s'agira donc de se faire confiance.

Comment être une future mère face à ma propre mère ?

> « Tout enfant produit automatiquement un rapprochement de la mère à sa mère propre, cette proximité s'avère toujours plus grande si cet enfant est une fille que si c'est un garçon. »
> Aldo Naouri, Les Filles et leurs Mères.

Enfanter, c'est faire comme sa propre mère ainsi la grossesse peut être l'occasion de revivre ou de réaménager ces liens. La relation à la mère est le prototype de tout lien. Il nous constitue. Il est donc un lien susceptible d'être pris dans un système de reproduction et de répétition de certaines difficultés s'il y en a eu. La plupart des futures mères le savent. Il n'est pas rare qu'elles souhaitent d'ailleurs prendre le contre-pied de ce qu'elles ont vécu. Mais faire l'exact opposé, n'est-ce pas avoir encore devant soi, dans une présence constante, le modèle initial ?

Devenir mère invite à un questionnement, voire à une réorganisation des liens avec sa propre mère. En devenant mère, on devient adulte d'une autre manière, on a sa propre expérience, on a des responsabilités, on se réfère à d'autres modèles, d'autres façons de faire. On prend surtout une nouvelle place et donc une nouvelle assurance.

Aicha s'étonne d'appeler systématiquement la sienne alors qu'auparavant elle la tenait plutôt à distance et était très indépendante :

> « Toutes les questions que je me pose je les lui pose, elle nous a élevés mes frères et moi, elle est affectueuse, on a eu une enfance très heureuse. »
> **Aicha**

Aicha imagine que sa propre mère a un savoir-faire et un mode d'emploi du bonheur. C'est sans doute illusoire sachant que le devenir mère n'est pas une question de savoir, c'est une disposition à être qui va prendre du temps. La mère est en réalité appelée pour diminuer les inquiétudes de sa fille, sachant que la future grand-mère peut elle-même être plus ou moins rassurée sur l'évolution des choses et peut ou non se souvenir de ce qu'elle a traversé elle-même. Il se rejoue cependant une possibilité de faire revivre ce lien avant qu'il soit amené de toute façon à évoluer.

Dans la situation de Julie il s'agira dans les mois à venir de trouver un espace de réconciliation avec une mère qui pour elle a toujours été perçue comme lointaine, peu disponible, préoccupée par ses engagements professionnels. Julie a souffert d'être la cadette d'une sœur aînée qu'elle sentait choyée par sa mère. Aussi lorsqu'elle est enceinte de son premier enfant, elle souhaite un garçon. Elle attend une fille. Malgré tout, elle se fait à cette idée au fil des semaines, très aidée par son compagnon.

> « Je me sens nulle, je ne suis pas fière de moi, je voulais un garçon. Je ne voulais pas faire comme ma mère. » **Julie**

Dans la situation de Julie, il est urgent de se dégager d'un modèle quasi caricatural. Comment se dégager de nos mères qui aiment mal, de nos mères attachantes, mères poules, infantiles, dépendantes, fragiles, ambiguës, exigeantes ?

S'identifier à sa mère, à l'un de ses deux parents ou à toute autre personne avec qui il y a un fort lien affectif est un processus naturel qui nous constitue. Nous imitons, nous avons besoin de modèles pour grandir. Freud voit l'identification comme un processus inconscient plus complexe qui vise a une transformation du Moi. Il s'agit parfois de s'approprier un trait ou bien le tout ou seulement un symptôme de la personne investie. Ces identifications mêmes partielles, peuvent évoluer tout au long de la vie. Mais grâce à l'identification, on se structure et on se différencie : on est en capacité de vivre avec les autres et de s'en distinguer. L'idéalisation à la bonne mère de l'enfance cache diverses situations qui sont souvent bien loin d'être satisfaisantes.

« L'aptitude à devenir mère impliquerait aussi la reconnaissance d'une gratitude à l'égard de celle qui a donné la vie initialement. »

Ce que Monique Bydlowski nous invite ici à penser comme une « dette de vie ». Elle nous incite à reconnaître d'où nous venons avant de faire naître, tout en nous en dégageant.

> « Formidable, toujours disponible, elle s'occupe très bien des enfants de mes frères, elle est toujours là quand on l'appelle et franchement, elle sait mieux faire les choses que moi ! »
>
> « Moi, ça m'amuse ! Mes neveux l'appellent maman, ça la fait rigoler, on ne peut pas se fâcher avec elle. Je l'adore. Elle est toujours inquiète de tout ce qui peut nous arriver. J'ai peur pour elle, si je la perdais je ne sais pas comment je ferais… » **Anne**

Anne chemine dans ce lien. Elle a aussi des souvenirs désagréables de rabaissement et d'intrusion dans sa vie d'adolescente. Elle est assez étonnée que ces souvenirs émergent. Une légère prise de distance se fait, elle a besoin de trouver la confiance en elle qui lui fait défaut, elle déplace sensiblement cet investissement maternel sur sa belle-mère qui a été très bien pendant toute la grossesse et lui paraît plus mature.

> « Je crois que j'étais en train de reprendre le brouillon de ma propre mère, non ce n'est pas possible, je peux faire mieux ! » **Anne**

La période de la grossesse comme toute période de transformation est un moment particulièrement favorable pour le changement. On peut cependant rester longtemps captif d'un lien perturbant sans que la relation soit conflictuelle. Les liens où l'on est peu considérée, voire inexistante, sont alors au-devant de la scène. L'enfant à venir devient un enjeu. Il permet parfois à tort de s'imaginer être enfin à la hauteur de l'attente des parents. La déception pourra être cruelle… Des enjeux de transmission sont aussi réactualisés et on en sait certains impossibles. Il s'agira alors de tenter de s'en accommoder.

Qu'en est-il de certaines femmes qui n'ont plus de mère au moment de leur grossesse ? Divers événements douloureux, traumatiques pouvant être à l'origine de cette situation, elle est généralement facteur de vulnérabilité.

On peut aussi rencontrer des jeunes mères pour qui ce lien pour des raisons très variables est définitivement clos. Elles se présentent sur un mode apaisé mais savent que l'actualité de la grossesse et le statut de grand-mère de cette mère dont elles s'étaient distanciées vont remettre à jour des interactions qui s'étaient neutralisées. C'est le cas parfois des femmes qui, enfants, ont été adoptées.

Être sous le regard protecteur du regard maternel pour procréer ou en dehors, nous n'en faisons pas le choix. Les émotions particulières qui seront au rendez-vous créeront la surprise ou un certain désappointement mais permettront toujours de s'engager vers le chemin d'une plus grande maturité.

Le papa attend lui aussi, va-t-il être à la hauteur ?

> « À l'idée d'être père à son tour, il se sentait redevenir petit garçon : timide, obéissant, solitaire et rêveur. Il portait à son corps un intérêt soutenu, redoutant la maladie, interprétant ses rhumes, ses angines, ses otites répétées depuis l'enfance comme autant de signes lui permettant d'authentifier sa souffrance intérieure. Il montra de la fascination pour ce ventre qui s'arrondissait, pour les vagues qu'y formaient les mouvements de l'enfant, pour le cœur qu'il sentait y battre... Il n'anticipait toujours pas la présence de l'enfant, sa forme, son sexe... »
>
> Danièle Brun, La Maternité et le Féminin.

La femme est centrale, le père lui, semble en périphérie. L'attitude et le vécu du futur père sont encore trop peu explorés, quand il n'est pas mis de côté. Chacun pourtant attend à sa façon. J'ai entendu fréquemment et de façon spontanée, en présence du père, la future mère employer un « on » englobant son partenaire dans un corps fusionnel : « On va accoucher… » « On est enceinte… » Les rires gênés viennent ensuite.

Mais que se passe-t-il pour lui ? Qu'est-ce que devenir père sans que le corps ne soit sollicité en dehors de la conception ? Jacques, le narrateur de *La Couvade*[1], qui jour après jour écrit ses impressions et ses émotions au fil de la gestation de sa compagne dit ceci :

« Ma femme est enceinte. Il faut que je fasse un père de moi. Je suis un pélican perplexe et anxieux. (…) J'ai neuf mois à vivre dans la fêlure de mon impuissance et de ma culpabilité de mâle. »

La couvade est un phénomène connu. Dans certaines cultures le père est invité à s'aliter pendant l'accouchement de sa femme. On le considère dans un état particulier proche de sa partenaire. Il n'est pas rare que l'homme dont la femme est enceinte prenne du poids, dorme mal, soit anxieux, développe divers symptômes dans un mouvement fort d'identification à elle.

Nous avons bien souvent une mauvaise interprétation de la couvade alors qu'elle est ritualisée dans de nombreuses cultures. Le père est invité par sa communauté à se mettre au lit pour marquer l'attachement sensible et profond qui l'unit à son petit. Bien qu'il ne le porte pas, il est convié à être dans un état différent, proche de la passivité. Aussi, ses troubles s'ils se présentent sont vécus positivement et leurs

---

1. Robert Baillie, *La Couvade*, Typo, 2005.

exagérations bien accueillies. En Occident, on les considère plutôt comme un trouble psychiatrique dont le versant hystérique ou psychosomatique est connoté.

Il y a une difficulté dans notre monde occidental à penser la paternité. Entre des rituels que nous avons tendance à ridiculiser et qui sont pourtant de bons supports et le peu de soins aux pères dans nos maternités, il y a encore à faire.

Didier Dumas a beaucoup œuvré pour cette reconnaissance masculine dans sa sensibilité et sa différence. Ses travaux nous ont guidés et nous apprenons grâce à lui comment aux États-Unis, on nomme le comportement des pères les « 3 F » : *fight, flight, fear*. Bagarreur, fugueur, anxieux, le futur père américain est assimilé à un adolescent asocial mais il est au moins autorisé et reconnu dans son changement d'état provisoire.

Jacques, notre héros québécois de la littérature, durant ces neufs mois se sent envahit de fulgurantes émotions. Il se sent tantôt intrus, sans vie, refoulé et toujours impuissant face à ce qui semble se dérouler sans lui :

« *Ma libération à moi passe par celle de ma femme et je suis impuissant dans ma proximité de mâle. Dominateur assiégé, je suis dominé par le ventre de Madeleine et cela durera pendant des mois, des années peut-être.* »

Deux futurs pères me disent à leur façon, un certain désarroi :

Une impuissance frustrante

« Moins je dis des choses, mieux je me porte. Elle prend tout mal, elle est émotive. Quand elle s'inquiète et que j'essaie de la rassurer, elle s'énerve en

> me disant que je n'ai rien compris ou que je ne prends pas mes responsabilités. Elle ne veut plus déménager parce qu'il y a une crèche en bas de chez nous alors qu'avec mon employeur j'ai une possibilité d'avoir plus grand. Il n'y a plus rien de rationnel chez elle. » **Corentin**
>
> « La moindre des choses c'est qu'elle me respecte, qu'elle ne soit pas agressive, elle me cherche, ce n'était pas comme ça avant, je suis exclu de cette grossesse, on dirait qu'elle couve, elle grossit et moi je perds du poids, je ne la reconnais pas, je ne sais plus ce qu'elle vit. » **Renaud**

Peu de pères osent exprimer leurs émotions, leurs craintes, leurs sensations. Ils ne se sentent pas autorisés à le faire. Ils se font plutôt discrets. Ils semblent laisser l'espace et ce temps de femme aux seules femmes. Comme dans la Grèce antique, le gynécée que peut représenter encore la maternité où ils sont parfois conviés n'est pas réellement un lieu convivial qui leur est totalement accessible.

Avant/pendant/après… Le voyage au pays de l'enfant à venir est une marche en avant. On l'a déjà comparé au voyage en montgolfière, n'est-il pas en effet indispensable de se laisser porter par les vents qui définiront vers quels horizons nouveaux l'homme et la femme seront emmenés. Il s'agit d'utiliser le combustible de base au bon moment pour la faire s'élever. N'est-ce pas là une capacité du futur père ? Veiller à donner l'impulsion à sa compagne qui à certains moments dans l'apparente toute puissance qu'on lui attribue vient à manquer ?

Oser penser la différence des sexes ? La parentalité à venir qui sera à assumer à deux viendra aussi rééquilibrer les différences en présence.

Chapitre 5

Revisiter mon héritage familial

« L'amour n'est pas qu'une affaire privée. Chacun de nous descend et dépend d'autres membres de notre espèce et pas n'importe lesquels. Même si notre esprit refuse de le savoir, et même si nous décidons de ne pas procréer, notre corps grouille de cette descendance et de cette dépendance. Nous ne tombons pas du ciel, mais poussons sur un arbre généalogique. »

Nancy Huston, *Bad Girl*.

Il y a toujours de longues histoires de naissance, d'enfants non advenus, de filles mères solitaires, d'enfants adultérins. Les cultures ou les époques les nomment très différemment mais la réalité change assez peu. Il y a ainsi de fortes attentes dans certaines familles et de forts enjeux dans la naissance du garçon ou de la fille. Nous ne sommes pourtant plus au temps du « choix du roi » mais on entend encore des préférences très marquées pour l'arrivée dans le rang de la fratrie. Familles recomposées, homoparentales, monoparentales, enfants issus d'un don d'ovocyte, enfants nés d'une fécondation *in vitro* avec donneur, etc., toutes les configurations se rencontrent, les projets restent les mêmes cependant : aimer, être aimé en retour, transmettre. Et là, le cercle familial applaudit, dans le meilleur des cas…

Julie dit de façon très juste la pression et l'attente ressentie par son entourage :

> **Officialiser la nouvelle**
>
> « Je crois que ma famille attend que j'échoue à un moment ou un autre car j'ai toujours été identifiée à celle qui rate. Trop belle pour être gentille, alors pour être une vraie mère ! » **Julie**
>
> « Ma mère est aux anges, elle a prévenu toutes ses copines, moi ça me gêne la façon dont elle s'empare de ça ! » **Josie**
>
> « Mes parents sont à la retraite et ils s'ennuient, ça m'a fait plaisir de leur annoncer la nouvelle, mais ma mère s'est mise à être anxieuse, à me raconter ma naissance et celle de ma sœur, un cauchemar ! » **Sonia**
>
> « Je n'ose pas trop en parler à ma meilleure amie parce qu'elle n'arrive pas à être enceinte après ses deux fausses couches. Je l'ai beaucoup soutenue et là je sens que ça nous sépare, c'est triste… » **Sophie**

Dès l'officialisation de la nouvelle, quelques légères difficultés peuvent apparaître. Certaines futures mamans sauront profiter du temps de leur grossesse en mobilisant leur capacité à passer outre ces malentendus familiaux et ce qui blesse l'entourage. D'autres n'y arriveront pas. On peut se demander avec raison pourquoi certaines y parviennent naturellement et sont heureuses en restant naturelles et peu affectées alors que d'autres ne le sont pas. La capacité à être heureux est-elle une disposition innée ou devons nous la cultiver ?

C'est la philosophie[1] qui peut nous aider à répondre à cette question. De nombreuses recherches entreprisent en Amérique du Nord et en Europe occidentale ont pu démontrer que le bonheur n'est en rien lié aux biens matériels, ni au savoir et non plus au pouvoir. En revanche :

« C'est quand on entretient de bons rapports avec soi-même qu'on réussit à être heureux. On remarque une part de disposition individuelle, ceux et celles qui sont contents dans leur jeunesse ont tendance à le rester à l'âge adulte.[1] »

La thèse des auteurs va dans le sens de démontrer que cet état d'esprit est le résultat d'un cheminement dans lequel la curiosité, l'intérêt pour les autres prédominent. Ainsi, toute nouveauté comme toute remise en question est accueillie de façon confiante. Le réalisme est de mise mais la capacité à profiter des bons moments est stable et la confiance en la vie et en ce qu'elle va apporter de nouveau, également. C'est ce qu'on nomme un état de « flux » auquel chacun peut prétendre. Être dans « l'ici et maintenant », *hic et nunc* et faire de l'immédiat une richesse qui fabrique du bonheur pour soi et en présence des autres chaque jour. C'est ainsi qu'en restant concentré sur son projet, sa propre voie, en persévérant dans ses choix, en étant attentif à ce qui est là et doit nous mobiliser, nous construisons pour nous et les autres un terreau fertile qui permet de cultiver la joie qui est plutôt contagieuse.

---

1. Francesco et Luca Cavalli-Sforza dans *La Science du bonheur*, Odile Jacob, Paris, 2011.

S'affranchir de son manque de confiance en soi

Pour certaines, les événements de toute nature qui se produisent pendant la grossesse vont être vécus avec facilité, alors que chez d'autres, les mêmes événements vont potentiellement devenir déstabilisants. Ils vont mettre en lumière un manque de confiance en soi et renforcer une peur de ne pas être à la hauteur, un pessimisme, une culpabilité sous-jacente.

Comme nous l'avons déjà évoqué dans la première partie, la responsabilité qu'entraîne la grossesse et l'impuissance qui lui est associée peuvent induire une sensation de mal-être face au peu de contrôle possible. La confiance en soi se réduit alors comme peau de chagrin :

> « J'ai souvent peur de l'échec et là, l'impression que je peux tout réussir sauf accoucher ! On a pourtant toutes ce potentiel mais on est derrière la porte... »
> **Anne-Claire**

Mais il arrive aussi fréquemment que la confiance en soi ait toujours fait défaut. Un traumatisme, un choc violent peuvent aussi avoir pour effet prolongé de ruiner une confiance qui pourtant était là. L'inquiétude s'est installée dans le paysage comme une légère brume à laquelle on s'est à la longue habitué. Est-il possible de l'appréhender pour la dissiper ? La recherche de maîtrise, l'anticipation sont alors indispensables pour fonctionner.

Le manque de confiance en soi s'associe à un manque d'estime de soi et prend la cartographie de l'hyper sensibilité et de l'anxiété. Son antidote illusoire est l'anticipation. Car l'anticipation appelle d'autres anticipations. Ainsi, dans l'incapacité à se sentir en confiance avec soi, on accorde une place trop importante aux autres. Ceux-ci sont investis d'une toute-puissance qu'ils ne devraient pas avoir et se retrouvent à leur insu l'objet d'une dépendance affective. L'enfant à venir représente alors une véritable inquiétude. Il déstabilise, il perturbe, devient lui-même inquiétant.

Une femme peu confiante est bien souvent une enfant qui a manqué de sécurité dans sa petite enfance. C'est une enfant pour qui le monde environnant a été montré comme potentiellement anxiogène, voire dangereux. La peur s'est installée et l'adulte de référence n'a pas été à la hauteur des attentes de l'enfant. C'est fréquemment une femme dont la mère, pour de multiples raisons, était elle-même anxieuse. Remonter à cette source est plus ou moins aisé.

Tout n'est pourtant pas joué lors d'une première grossesse, j'écoute attentivement cette jeune mère qui attend son quatrième enfant.

> « Une grossesse ne suffit pas, c'est l'ensemble des grossesses qui raconte une maternité chez une femme. C'est comme si on avait un nombre d'enfants pour lequel on est programmé, qu'on se doit, et on s'organise pour être dans la complétude avec ça. » **Sophie**

Voilà une idée originale et qui peut être encourageante, une grossesse sera ou non heureuse mais la seconde, la troisième, voire d'autres encore permettront une réalisation globale de ce qu'une mère peut attendre pour elle de la maternité en général.

Questionner mon lien à ma propre mère

> « La répétition est de toute évidence la première armature du statut parental. Reproduisant leur père, les hommes ne reproduisent que leur absence. Reproduisant leur mère, les femmes ont, elles, tendance à reproduire sa seule et indispensable présence. Au nom de l'amour maternel et en toute bonne conscience, elles reconstituent méticuleusement la prison dorée où leur mère était seule à régner. »
>
> Didier Dumas, *Sans père et sans parole*.

Que les identifications qui fonctionnaient soient remises en jeux, voilà qui est vrai et parfois surprenant et bien déstabilisant. Freud nous a d'ailleurs sensibilisés sur le fait que le désir d'enfant est bien antérieur à la grossesse et qu'il ravive des liens œdipiens. En Occident, ce concept assez connu est opérant dans notre société patriarcale. Nous naissons dans une triangulation : une mère en lien avec un père qui la soutient et un enfant issu de l'amour de ce couple. Cette triangulation nous structure et a ses propres lois. Très souvent, cette triangulation est un peu bancale et tient mal car les trois partenaires de cette famille ne sont ni à la bonne place ni à la bonne distance.

Petit rappel au sujet des liens œdipiens

La triangulation œdipienne donc le complexe d'Œdipe a un rôle fondamental dans la structuration de chacun de nous. Grâce à cette triangulation, l'enfant passe d'une relation de grande proximité avec sa mère à une relation à trois où son père lui signifie la place qu'il occupe, son appartenance à une culture, à un sexe, sa soumission aux lois sociales et humaines. L'interdit de l'inceste et le parricide ne sont pas directement énoncés mais sous-entendus et conditionnent l'intégration de chaque individu dans son groupe d'appartenance.

Ainsi, la femme invite dans sa maternité beaucoup plus de monde qu'on ne l'imagine : son père, sa mère qui l'ont éduquée et l'enfant qu'elle a été avec eux et qui sait combien d'autres encore !

Il y a tout un panel de liens et pléthore de qualificatifs autour de ce lien maternel. Nos mères ont été tour à tour dures, étouffantes, pas assez tendres, peu présentes, trop exigeantes, trop larmoyantes, trop inquiètes, trop protectrices… Entre le « trop » et le « pas assez », on est donc rarement satisfait. Cette première rencontre va pourtant être déterminante dans le sens où elle va déterminer en partie les autres.

« Entre nous, c'était intense. Je ne crois pas aux amours calmes. Un jour, tu es en enfer et un autre tu peux toucher le ciel avec la main. En plus, la relation mère/fille est la combinaison la plus compliquée, assemblant amour fou et rivalité.[1] *»*

Tels sont les propos de Milena Busquets qui romance dans son ouvrage *Ça aussi, ça passera* le lien profond qui l'unit à sa propre mère.

Rivalité, le mot est lancé ! Il sidère toujours lorsqu'il est prononcé et à la fois, il éclaire énormément la façon dont on peut penser ce lien. Rivalité de la fille vis-à-vis de sa mère mais aussi et surtout rivalité de la mère vis-à-vis d'une fille potentiellement en devenir et qui lui survivra. Concurrence ?

---

1. Milena Busquets, *Ça aussi, ça passera*, Gallimard, Paris, 2015.

D'OÙ CE MAL-ÊTRE PEUT-IL VENIR ?

Écoutons cette jeune mère qui parle de la sienne et de ce que le manque de présence et la discontinuité ont provoqué chez elle :

> **Un lien maternel en pointillé...**
>
> « Elle ne donne pas de signe de vie et puis elle déboule en s'excusant, fait irruption dans ma vie, disant qu'elle ne m'a pas vu depuis un mois. Jamais de stabilité, jamais de continuité, là et pas là. Quand j'étais petite, je sortais de l'école et elle n'était pas là, je faisais pipi accroupie derrière une voiture, elle me disait qu'elle ne pouvait pas s'arrêter de parler avec sa meilleure amie, c'est pour ça qu'elle était en retard. Je continue à avoir besoin d'elle d'autant plus que j'ai toujours pensé qu'elle était une bonne mère. Donc pour ça, il faut que je garde une certaine incapacité sinon ce n'est pas possible... c'est comme si je la mettais au rebut. Il faut un endroit où elle soit meilleure que moi. Quand elle ne sera plus là, est-ce que je vais me réveiller d'un coup ? Ou est-ce que je vais m'interdire de grandir ? » **Selma**
>
> « J'ai l'impression très forte que cette grossesse, mes inquiétudes, ma peur d'affronter l'accouchement ont à voir avec ma mère. Pourquoi cette distance vis-à-vis d'elle depuis deux mois ? Il est peut-être grand temps que je me laisse aller à vivre un peu de distance pour être mère à mon tour. » **Anne**

Se profilent également dans ces propos les premières pensées de la disparition possible de cette mère toute-puissante avec la nouvelle génération qui pointe son nez. Mais alors comment faire ? Comment se dire qu'en effet ce lien passé a été peu ou prou satisfaisant dans le sens où il n'a pas permis de se détacher. Peut-on en prendre le meilleur et à la fois mettre moins d'angoisse dans le lien à venir ? De toute évidence, comme le dit le proverbe espagnol : « Tu dois faire une croix sur le lait que tu n'as pas tété. »

C'est ainsi que la grossesse semble lancer un défi qui est de tenter de faire mieux, beaucoup mieux, en tout cas différent, tout en acceptant de faire un certain deuil de l'idéal maternel… Le choix du partenaire amoureux va permettre d'engager cette distanciation. Le métissage de deux éducations, de deux cultures donnera à coup sûr d'autres configurations pour l'enfant qui vient. La mixité des couples peut aussi être gage de tempérance ainsi que du changement souhaité.

Comment se dégager sensiblement de l'ensemble de ces questions ? C'est en acceptant de se penser imparfaite mais perfectible, comme l'est sa propre mère finalement, qu'on entre doucement dans le métier de la mère qu'on sera soi, en se laissant façonner par les joies et les obstacles à traverser dans une voie toute neuve.

Revisiter ce lien s'il reste obscur, nostalgique, encombrant, écrire une autre page avec des mots à soi est la magnifique opportunité qu'offre la grossesse. Pour le revisiter, Virginia tente de mettre en mots des sensations jusque-là confuses, elle en sent l'urgence absolue car elle a peur :

> « J'ai peur de faire une dépression, ma mère a toujours été dépressive, ma grand-mère maternelle aussi. J'ai des impressions d'une maison fraîche l'été, je suis avec elle, on est à l'étage dans un lit, je l'entends pleurer et je dois la consoler mais je la vois sans réaction et c'est comme si je n'existais pas, j'appelle mais personne ne répond, je ne sais pas si ce sont des souvenirs très anciens mais cette sensation ne me quitte pas. » **Virginia**

Cette maison nous l'explorerons ensemble. Elle renferme des grandes pièces et des chambres sombres. Nous monterons à deux dans un vaste grenier aux lucarnes en fer forgé. Des coffres remplis de lettres, des grosses malles bourrées d'uniformes et de vieux vêtements d'homme l'attendent. Nous y découvrons des secrets et des trahisons, des histoires de fille et de mère abandonnées. L'imaginaire nous emmène à coup sûr vers les secrets de famille apparemment bien gardés qu'il est parfois nécessaire de lever au moment où l'arbre généalogique grandit.

Aller à la rencontre de mon héritage transgénérationnel

> « Ce n'est pas seulement le sentiment du temps qui passe, quelque chose d'autre, de mortel : je suis maintenant un être dans une chaîne, une existence incluse dans une filiation continuant sans moi. »
> Annie Ernaux, *Je ne suis pas sortie de ma nuit.*

La dépression est un symptôme qui, fréquemment, traverse voire encombre ou envahit le champ des histoires transgénérationnelles. Elle peut charrier glaise et eaux boueuses mais aussi limon fertile. Au moment où l'enfant s'annonce, repenser, revitaliser les liens familiaux est donc d'une extrême importance. L'inventaire est vaste : parents, fratrie, grands-parents, arrière-grands-parents, beaux-parents, membres de la famille recomposée parfois. Tout ce qui pour chacun fait famille.

Au moment de l'entrée en scène de ce bébé, celui-ci sera aussi présenté aux amis proches qui ont été intégrés au cercle familial pour l'élargir ou quelques fois pour le remplacer. Ces liens soutiennent, créent des repères, des solidarités, des coparentalités fort appréciables. Ils rétablissent un équilibre lorsque les liens familiaux font entrave à l'harmonie nécessaire aux nouveaux parents et à l'enfant, relativement vulnérables et potentiellement déstabilisables.

En enfantant, je transmets, je m'inscris dans une lignée. Je dois intégrer cette transmission intergénérationnelle, intégrer que j'ai une dette de vie. Celle-ci est « transitive » car elle n'est pas comme dans la reconnaissance d'une dette vis-à-vis d'autrui sujette à échange. Il se trouve cependant qu'elle convoque avec plaisir ou angoisse, c'est selon, un ensemble d'ancêtres que nous avions l'habitude d'oublier. Certaines cultures les intègrent plus facilement dans leur quotidien même si nous trouvons que leurs rappels trop fréquents créent un poids omnipotent.

Avec certains ancêtres nous avons parfois des comptes à régler ! Les histoires de transmission, les histoires de lien sont quelquefois douloureuses. Mais nous naissons et grandissons dans le lien, grande et magnifique loi humaine à laquelle nous aimerions pourtant parfois nous soustraire.

Une transmission plus complexe constituée d'éléments plus confus est la transmission transgénérationnelle.

Virginia sait sans trop savoir que sa mère a été dépressive lors de sa naissance. Elle sait aussi qu'elles ont été séparées, car cette dernière a été hospitalisée pendant un temps très long. Elle a regardé des photos, fait des recoupements de lieux, de dates. Elle a une impression nette qu'elle connaît cet hôpital. Elle y voit une grosse porte cloutée fermée. Elle peut entendre des cris derrière cette porte cadenassée. Elle a été confiée à une tante paternelle âgée qui était triste et solitaire. Interrogeant sa mère, celle-ci lui donne quelques clefs. Celle-ci lui confie qu'elle a eu un chagrin amoureux avant de connaître son père. Elle est tombée enceinte un mois après leur rencontre. Elle ne sait de quel homme est cette conception. L'homme qu'elle aimait était marié. Il a pu lui annoncer son divorce et sa disponibilité par courrier. La lettre est arrivée chez la grand-mère maternelle de Virginia. Celle-ci, croyant bien faire a conservé cet écrit. Elle ne l'a remis que le jour de la naissance de Virginia en pensant que la joie de l'arrivée de l'enfant permettait de clore cette histoire.

Virginia a le sentiment que sa mère a toujours été ailleurs, lointaine, et que leur lien est comme en panne. C'est auprès d'un spécialiste des liens transgénérationnels qu'elle poursuivra ses investigations. Elle osera questionner sa grand-mère, autre protagoniste de cette histoire entre femmes. La grand-mère n'imaginait pas que son geste, d'apparente protection, avait eu un tel impact. Avec émotion et honte, elle parle de la conception de la mère de Virginia pendant le départ à la guerre du grand-père. Elle en était follement éprise. Lorsqu'il meurt, elle s'en veut de cet adultère. Ainsi, il s'agissait de perpétrer un monde de femmes privées de leur amoureux. Un monde où les grossesses ne coïncident ni avec la présence des géniteurs, non plus qu'au bon moment.

Virginia n'est pas privée du sien, son mouvement dépressif pendant sa grossesse a eu l'avantage de questionner un héritage familial dont elle n'avait qu'intuitivement connaissance. Elle n'avait pu s'approprier que des bribes d'un récit peu cohérent qui exerçait sur elle une vraie pression.

Ainsi la dépression par laquelle les femmes de la lignée étaient reliées faisait autant obligation qu'appartenance. N'allons pas plus loin et laissons-la s'installer enfin avec un vrai soulagement dans la fin de sa grossesse.

Comme nous venons de le voir, ce sont des non-dits, des secrets de famille, des événements traumatiques ou honteux, des trahisons, des morts violentes, des disparitions qui pèsent. Difficilement intégrables et peu gérables, ils sont en attente de sortir de l'ombre.

Il est probable que la dépression maternelle soit entre autres une tentative très inconsciente de mettre au jour ces éléments. Ainsi la future mère se met à l'écart comme pour signifier une impossibilité à fonctionner normalement tant que le terreau familial n'est pas assaini. Elle le fait à son insu et avec une réelle culpabilité. Elle a besoin d'un tiers qui éclaire sa posture et la légitime. C'est l'enfant à naître qui dispose de cette capacité à révéler, par le biais de sa mère, s'il arrive en terrain stable ou accidenté, voire sinistré.

Il faut parfois plusieurs générations pour que se disent les secrets que l'on appelle de famille. Et qui prédestinent les émotions de la parentèle.

Le couple dans cette grande étape de la vie, peut être, avec sa toute nouvelle force amoureuse et son alliance, facteur de changement en sortant au grand jour les « encombrants » ! Il y a dans la naissance de chaque enfant une invitation à transformer le passé, à le transcender.

Bien souvent, c'est autour du prénom à choisir qu'apparaît la charge des liens, des dettes familiales. Si elle est attentive la future mère peut dépoussiérer de vieilles histoires et les rendre transmissibles. L'enfant à venir est enfant-avenir depuis toujours.

Faire le tri dans les événements que j'ai vécus

> « Toute union doit affronter aussi bien l'environnement dans lequel elle s'inscrit que la durée qui l'affecte ou ce qui vient s'y greffer d'étrange et de déstabilisant. »
>
> Aldo Naouri, *Les Filles et leurs Mères*.

Nos enfances sont constituées de douceur et d'âpreté. Sur la plage de l'enfance, il n'y a pas que les châteaux de sables construits aux côtés de deux parents attentifs et aimants. La vie est faite d'événements qui laissent des traces.

Nous avons un stock quasi inépuisable de souvenirs et de faits qui ont marqué l'enfance. Il en est pourtant quelques-uns qui vont particulièrement nouer nos craintes, nos peurs, nos hontes et ainsi prendre de l'importance.

Parmi eux, certains souvenirs ont un statut particulier car ils font partie d'une mémoire familiale. Ils sont souvent l'objet de dérisions, de moqueries. Ils vont définir très intimement ce que nous sommes aux yeux des autres, ils nous figent parfois dans un statut ou un rôle dont nous souhaiterions sortir.

Chacun vient d'une histoire au sein d'une famille et va construire sa propre histoire dans la sphère d'une famille qui est en train de se constituer à partir du couple. Mais comment les éléments de notre histoire sont-ils intégrés ? Quelle est l'influence de ces événements infantiles dans les liens qui sont à venir ?

La rencontre amoureuse lie deux histoires, rassemble deux groupes familiaux aux paysages souvent bien différents. L'enfant va construire des ponts avec ces héritages et va y trouver sa place. Dans le même temps, il réactualise au cœur de la relation amoureuse les vécus infantiles de chaque partenaire. Chacun à son histoire, sa famille qui est le terreau fertile dont peut se nourrir le couple dans son souhait de transmission. Avoir une famille, c'est faire partie en tant que membre d'une lignée, d'une culture, d'une religion parfois, de traditions souvent. Ces éléments en héritage, on en fait le tri. On sait ce qu'on souhaite en garder. On sait aussi ce qu'on ne veut pas voir se répéter. Ainsi les choses paraissent assez claires et stabilisées. Avec la grossesse, les aiguilles de la boussole vont cependant commencer à osciller.

La grossesse va venir remettre de l'ordre dans des liens aux constructions fragiles, inachevées. Elle va exacerber des liens passionnels et leur donner une forme parfois inattendue. L'événement qui est pourtant interne au couple, irradie, se propage à chacun des membres de la famille. Ainsi, il n'est pas étonnant de retrouver des émotions fortes quand la parole emprunte les chemins du souvenir.

Il est aussi des moments de déceptions quand les filles interrogent leurs mères sur le temps ancien de leurs maternités et que ces dernières ne se souviennent pas ou pire, évoquent sans ménagement des faits relativement pénibles.

De l'enfance heureuse de laquelle on n'a peu de souvenirs, comme si en fait, rien n'avait été particulièrement marquant, aux événements tragiques, voire traumatiques, tout est là bien présent. C'est comme si la grossesse telle la grève après la tempête était encombrée de matériaux anciens et étranges à trier et à éliminer au plus vite.

D'OÙ CE MAL-ÊTRE PEUT-IL VENIR ?

Delphine de Vigan dans *D'après une histoire vraie* l'évoque de cette manière :

« Par quelle opération nous parvenons à assimiler certains événements, certains souvenirs, qui se mélangent à notre propre salive, se diffusent dans notre chair, quand d'autres restent comme des cailloux coupants au fond de nos chaussures. Comment déchiffrer les traces de l'enfant sur la peau des adultes que nous prétendons être devenus ? Qui peut lire ces tatouages invisibles ? Dans quelle langue sont-ils écrits ? Qui est capable de comprendre les cicatrices que nous avons appris à dissimuler ? »

Chacun de nous est capable de revenir tenir la main du petit enfant qui pleure encore en lui. Pour le consoler il faut des mots, des images, des rêves et des rêveries à inventer avec celui ou celle, choisi, qui sera capable de réveiller la confiance perdue. Mathilde qui a tenté cette aventure depuis quelques semaines maintenant va retrouver la trace des événements enfouis qui lui font dire :

> « J'ai toujours grandi petite fille avec tristesse et nostalgie, cette solitude dans ma chambre d'enfant est en moi mais à une autre place maintenant, c'est comme un énorme poids dont je suis soulagée. »
>
> « Pas jolie, cette vieille sensation d'exclusion. Je travaillais dur à l'école, c'était des moments difficiles, j'étais le bouc émissaire de la classe, ça a commencé au CP parce que je portais des lunettes et j'étais rousse. Je ne pouvais pas en parler à mes parents car on était très fier de ça en famille. Est-ce que mon fils sera roux ? Vraiment je ne le souhaite pas. » **Mathilde**

Chez elle, c'est être exclue qui est sensible, et avoir le sentiment d'être différente. Tout ce qui ira dans ce sens pour elle et maintenant pour son enfant, prendra la coloration de la tristesse. Mais peut-être, pourra-t-elle, maintenant qu'elle va devenir mère et devoir défendre un plus petit, oser la colère qui est un mouvement de défense plus efficace que la dépression. La colère n'est pas le conflit, elle permet juste de le désamorcer et de dire ses limites.

Chapitre 6

Deux naissances pour le prix d'une !

C'est à deux naissances que l'on va assister : celle de l'enfant attendu et celle de la mère qui l'a porté. Si la future maman a pu traverser ces neuf mois en s'adaptant et en s'ouvrant suffisamment à son bébé, on peut faire le pari qu'ils seront en synchronie dès l'arrivée du bébé. Si ce n'est pas le cas, le baby blues ou la dépression post-partum dévoileront cette différence d'ajustement. Le bébé est là mais la mère s'est absentée. Serai-je cette mère qui a besoin de temps et qui demande qu'on s'occupe d'elle ? Serai-je dans le bon *timing* avec mon bébé ?

Autorisons-nous à faire un bond dans le temps, à brûler un peu les étapes car ces questions bien légitimes posées par les mamans émergent bien souvent avant même l'arrivée du bébé et doivent trouver des réponses le plus tôt possible. Ainsi, nous répondrons dans ce chapitre aux questions le plus souvent posées dans les derniers mois de la grossesse comme dans les 2 mois suivant l'arrivée du bébé.

Entrons par la petite porte dans ce lieu magique des naissances…

Suis-je une future candidate au baby blues ?

De toute façon, « tous les trous percés vont couler ! » J'ai entendu cette phrase très juste d'une sage-femme expérimentée qui permet de remettre à sa juste place et avec un certain réalisme ce qui se passera après l'accouchement : les larmes comme le lait couleront à flots très naturellement. La maman sera souvent submergée par des émotions contradictoires, des manifestations physiologiques inconnues, en même temps que beaucoup d'informations à intégrer.

C'est ce que partage Julie qui vient d'accoucher trois semaines à l'avance de son premier enfant, lorsque je vais la retrouver inquiète, allongée dans son lit et très tendue. Elle a confié son fils Boris, né il y a trois jours, à la pouponnière.

> « J'attends le baby blues. Je m'attends au pire » Elle se met doucement à pleurer. « Je suis pourtant très heureuse de l'arrivée de mon petit Boris. Je ne comprends pas pourquoi je suis dans cet état. Je sors demain et de toute évidence c'est trop tôt. Ma montée de lait est arrivée dans la matinée, je suis fatiguée, j'ai très peu et mal dormi depuis l'accouchement qui a été très long mais qui s'est plutôt bien passé. » **Julie**

Cette ombre semble l'avoir littéralement envahie en même temps qu'une autre tâche s'annonçait, celle de sa montée de lait. Submergée, se remettant à peine de son accouchement, elle a juste besoin de repos. « Boris est un bébé calme », dit-elle, « ce n'est pas le problème ». Lorsque je lui demande si elle est bien entourée, elle évoque le fait qu'elle n'a pas eu la visite de sa mère qui est partie depuis dix jours en vacances. « J'ai accouché un peu avant le terme mais je pensais qu'elle prendrait un avion en urgence. Elle m'a dit que c'était bien trop cher, qu'elle viendrait donc à mon retour à la maison. »

La jeune mère qui vient d'accoucher sera émotionnellement à fleur de peau. Elle gravera tous les faits qui entourent la naissance de son enfant dans un petit livre de bord de sa mémoire d'une encre indélébile. Les moments heureux, douloureux, les attentions reçues comme les maladresses y seront consignés. Il est probable qu'elle feuillettera régulièrement ce livre de voyage. Tout s'inscrit sur un terrain particulièrement sensible. Et là tout se rejouera et pourra faire mal à nouveau.

La plupart des mamans sont en général surinformées sur le sujet du baby blues. Celle-ci a été introduite en 1968, elle est appelée *postpartum blues syndrom*. Alors que l'effet de toute séparation est relativement bien connu, on a cependant une grande difficulté à penser celle de la naissance. Le vide laissé par le nouveau-né appelle une réaction de sa mère. Le chagrin sous toutes ses formes peut facilement s'installer en lieu et place. La tentation de refermer sur soi sa peine est accentuée par la fatigue de l'épreuve « sportive » de la mise au monde et des jours de tension qui suivent comme en témoignent nos jeunes mamans :

> **Des manifestations du baby blues qui pourront être hétérogènes**
>
> « J'ai fait le job » dit une maman de jumeaux que je vois aussi ce jour-là en urgence car elle pleure beaucoup. « Maintenant qu'on me laisse tranquille, je veux juste dormir ! » **Anne-Sophie**

D'OÙ CE MAL-ÊTRE PEUT-IL VENIR ?

« Je transforme tout en anticipation, je suis toujours en vigilance, je tends l'oreille à tous les bruits du bébé, je suis pessimiste, je sens que ça altère mon jugement. » **Célia**

« C'est intérieur, comme un volcan avant que le magma n'arrive à monter à la surface, j'ai l'impression que je n'y arriverai jamais, mettre cet enfant au monde c'était déjà si laborieux... » **Eliet**

« Je suis en phase de décompression, je pleure naturellement, ça me soulage énormément. » **Hannah**

Dédramatiser le baby blues

Ce trouble de l'humeur léger se manifeste plutôt entre le 3e et le 7e jour après l'accouchement. Il peut durer de quelques heures à soixante-douze heures. Il est une réaction à l'expérience qui vient d'être vécue par la jeune mère. Il permet à la maman d'accuser le coup, tout simplement !

Le baby blues peut être plus ou moins bref et varié en intensité. C'est un passage, une humeur transitoire, un état de vulnérabilité dont les caractéristiques doivent être évaluées, si possible, par un professionnel.

Le baby blues est assez vite résorbé à la maternité grâce au repos de la maman. La pouponnière est là pour accueillir temporairement le bébé, éventuellement accompagné du papa.

L'enfant vient ouvrir des espaces immenses, des potentiels innombrables, c'est pourquoi la joie collective accompagne sa venue. La tristesse ressentie par la jeune accouchée semble aller dans le sens inverse et resserrer cet espace. En recentrant l'attention et l'inquiétude sur elle, la mère dit inconsciemment qu'elle n'est pas tout à fait prête. Contrairement à ce que pourrait laisser penser l'expression « baby blues », ce n'est pas le blues du bébé qui est en jeu. Le baby blues, qui porte bien mal son nom, témoigne de la tristesse mêlée d'inquiétude, voire aussi d'ambivalence dans laquelle s'est installée sa mère. Sans doute, se met-elle à une certaine distance, aussi pour protéger son enfant, en attendant d'être en mesure de lui prodiguer soins et tendresse.

> « "J'ai une place, j'existe, j'en ai marre de cette euphorie des autres, je ne peux pas la partager, je suis épuisée !" dit de son côté une autre mère qui en verbalisant ses affects échappe à la tristesse qui pourrait la submerger elle aussi. » **Solweig**

Tristesse, insomnie, anxiété, difficultés de concentration, plaintes, craintes de ne pas être à la hauteur sont le lot de la jeune mère dont la sensibilité est exacerbée. Elle peut avoir tendance alors à se replier, elle est abattue et se sent extrêmement fatiguée. Mais ce tableau sombre et peu engageant est comme le ciel nuageux, il est de courte durée donc transitoire. Dès lors que la jeune mère se sent comprise, soutenue et moins fatiguée, elle peut prendre ses marques. Elle va se familiariser petit à petit avec son bébé et à sa nouvelle situation. Les nuages se dissipent rapidement, l'éclaircie est en vue.

Est-ce que je ferai une dépression post-partum ?

> « *Quand la société exige l'individu "zéro défaut", la seule liberté possible pour se rebeller, c'est la dépression.* »
> « *L'incapacité de se conformer aux exigences de la société.* » Édouard Zarifian

Il y aura des signes avant-coureurs de cette tempête mais ceux-ci ne seront pas toujours perçus par le conjoint ou les proches. Environ

D'OÙ CE MAL-ÊTRE PEUT-IL VENIR ?

six semaines après l'accouchement pourront apparaître des dépressions très caractéristiques. La vie a peu à peu repris son cours, le conjoint a repris son travail. C'est un moment où la jeune mère subit l'après-coup de la naissance, à un moment où elle est assez seule dans la réalité d'un quotidien qui peut être dévalorisant, une vague de tristesse recouvre une réalité qui s'assombrit. Le temps peut devenir informe et les jours se ressembler.

À un moment où elle doit être efficace, la jeune mère est comme anesthésiée, incapable de se projeter dans les mois qui viennent. Cet arrêt sur image parle :

- de mouvements dépressifs : le discours de la jeune mère est alors envahi de tristesse avec une dévalorisation d'elle-même et la plupart du temps de la culpabilité ;
- d'angoisses diffuses, de troubles du sommeil persistants alors que les soins au bébé qui s'éveille chaque jour davantage et devient de plus en plus demandeur se prolongent. Les soins révèlent alors leurs premières difficultés qui ont fréquemment pour objet la prise de poids du bébé en lien avec l'allaitement maternel.
- d'une inquiétude grandissante face aux responsabilités à assumer ;
- d'une impossibilité à ressentir de la joie depuis l'arrivée de l'enfant.

> **À quoi sert le post-partum ?**
>
> Le post-partum est une période de fragilité. La dépression du « post-partum » comme on l'appelle aussi, est un changement de l'humeur dans le sens d'une tristesse et d'un abattement qui entraînent un désinvestissement de la réalité.
>
> .../...

Deux naissances pour le prix d'une !

> .../...
>
> C'est un moment très important de réorganisation, qui nécessite d'intégrer l'accouchement et de se réapproprier le corps « d'après ». Un corps vide, un corps épuisé, mais un corps puissant aussi dans sa fantastique capacité à donner la vie, suivi d'un corps à corps avec le bébé.
>
> Chaque dépression est sensiblement différente, s'y mêle plus ou moins d'anxiété, d'éléments de dévalorisation de ses propres compétences maternelles, plus ou moins d'éloignement de la réalité de l'enfant et de ses besoins.
>
> Il y a de grandes variations dans le registre de la normalité et ce n'est que sur une véritable durée que nous entrons dans le domaine de la pathologie.

Des chercheurs ont mis au point une échelle d'événements stressants qui sont susceptibles de donner des indications utiles sur ce qui peut engendrer une dépression ou une atteinte somatique. Il est reconnu que l'arrivée d'un enfant est un événement de vie à fort potentiel de dépression.

D'autre part, il ne faut pas non plus exclure des problèmes somatiques. C'est par exemple le cas de l'hypothyroïdie du post-partum qui entraîne une fatigue importante, une prise de poids et qui s'associe à une humeur dépressive.

Par ailleurs, la vulnérabilité des mères ne serait-elle pas influencée par les hormones ? D'études en études au fil des années, la seule donnée pertinente qui est retrouvée est celle de l'oestriol libre qui est plus élevé à la 38e semaine de gestation et diminue plus fortement au premier jour du post-partum. On ne peut donc visiblement pas évoquer le déterminisme hormonal.

Ces perturbations sont souvent prévisibles et s'annoncent déjà avant et pendant la grossesse sous forme :
- de plaintes somatiques diverses (maux de tête, fatigue, douleurs des ligaments, douleurs dorsales…) ;
- d'une irritabilité, de sautes d'humeur, de revendications affectives, de pleurs répétés ;
- de perturbations des conduites alimentaires (perte d'appétit, boulimie, anorexie…) ;
- de nausées invalidantes, des vomissements incoercibles entraînant une dénutrition.
- de dépressions prémenstruelles.

Ce sont des symptômes qui peuvent être passagers mais doivent être pris en compte. Si la jeune mère les garde sous silence, ils peuvent évoluer vers une authentique dépression. C'est le cas :
- des manifestations de forte anxiété avec des angoisses concernant la bonne santé du bébé ou des difficultés à s'occuper de lui ;
- des manifestations obsessionnelles ou phobiques (qui vont se matérialiser par la mise en place de rituels contraignants) ;
- d'une indifférence persistante vis-à-vis du bébé, avec une impossibilité à communiquer avec l'entourage ;
- des difficultés de concentration et de mémorisation, accompagnées de distorsion du temps.

La jeune mère ressent ce qu'elle traverse comme une difficulté insurmontable, une contrainte permanente ou une frustration. Elle est débordée et demande des égards et des soins. Elle est dans la plainte, dans une position régressive bien éloignée de celle qu'elle imaginait et qui déroute souvent le conjoint et l'environnement proche qui se sentent très impuissants.

Ce sera le cas de Mathilde qui reviendra me voir pour me présenter sa petite Charlotte. Elle s'effondre en larmes et j'observe qu'elle est ralentie dans ses gestes.

> « Rien ne va, je n'ai plus d'énergie, je me lève trois fois par nuits, je n'en peux plus... » **Mathilde**

Elle a laissé sa fille, pourtant bien réveillée et en attente de contacts, dans sa poussette, assez loin de son regard et du mien. Peu de joie en effet dans ce maternage, mais essentiellement des contraintes qu'il est urgent de lever en partie en les laissant librement et légitimement s'exprimer. La culpabilité et le sentiment d'être dans un état « anormal » créent un cercle infernal dont il est urgent de sortir en en parlant à des professionnels spécialisés. Tout devient sombre sans espoir de sortir de cet état. Les pensées ne sont plus productives, un voile est tombé sur les jours qui se succèdent sans intérêt. Il faut en parler.

Les facteurs qui facilitent la dépression

La jeune mère fait une dépression :
- plus particulièrement pour la première grossesse et spécifiquement quand l'accouchement a été éprouvant ;
- par réactivation du lien à sa propre mère qui a pu manquer de capacités maternelles pour des raisons diverses ;

…/…

D'OÙ CE MAL-ÊTRE PEUT-IL VENIR ?

> .../...
> - par surcharge de sollicitations et de contraintes au niveau du corps ;
> - par la perte d'appétit et de sommeil essentiels au bien-être ;
> - face à un nourrisson très demandeur et irritable ou à l'inverse peu réactif ;
> - lorsque l'environnement est peu aidant et le conjoint peu soutenant.

Par ailleurs, les antécédents familiaux sont également un facteur de risque important. Ils ont été mesurés : lorsqu'un des parents a fait une dépression, le risque de dépression de la jeune mère est de 15 à 28 %. Si les deux parents étaient dépressifs, on passe à un risque de dépression de 45 à 75 %.

Dans ses demandes réitérées de soins et d'attention l'enfant creuse, ravive la mémoire et les émotions de sa mère. Il a ce don particulier de révéler chez elle, les affects les moins valorisants comme les émotions les plus tendres. Il amène par ailleurs sa propre altérité que la mère, puis le couple doivent avoir la capacité d'intégrer.

Nous voudrions aussi évoquer l'expérience d'une maman qui me dira dans un dynamisme communicatif :

> « Je ne me sentais pas très bien après l'accouchement mais en faisant dix fois par jour les gestes du bonheur dans le câlin du matin, les jeux dans le bain, l'endormissement tendre après les tétées, je finis par être heureuse ! »
> **Sophie**

Certaines mères pourront donc aussi transformer par elle-même des affects plutôt négatifs quand ils ne seront pas trop envahissants.

Est-ce que mon bébé peut ressentir mon mal-être ?

Est-ce que le bébé sera capable de ressentir ce qui se passe émotionnellement pour sa mère ? Est-ce que l'érosion des affects d'une mère qui traversera un mouvement dépressif effacera la dynamique de la rencontre ?

Un bébé fait naître des émotions intenses, il a même un don particulier pour le faire. Il est vital pour lui de susciter des réactions et un engagement relationnel chez celui qui s'occupe de lui. Petit être sans langage, il suscite aussi de nombreuses projections. La mère qui doit interpréter ses signaux indiquant ses besoins pour y répondre au mieux doit passer par ses propres ressentis.

Le tout petit dans ses capacités naissantes engage au partage. Ses propres émotions sont encore à l'état brut, sorte de magma informe que les interactions avec l'environnement vont façonner. Il y a ce qu'on appelle une plasticité cérébrale chez le nouveau-né. Il a ainsi besoin de sa mère pour transformer ce qu'il perçoit en réalité assimilable. Lorsqu'une sensation mal repérée lui arrive au niveau de l'estomac et qu'il pleure, c'est grâce à la répétition des réponses par le sein ou le biberon de lait que se constitue l'envie de boire. Puis, petit à petit, le circuit de la faim est bien repéré.

La présence de symptômes dépressifs a tendance à créer une sous-stimulation pour lui, donc une insuffisance d'interactions, le lien peut s'appauvrir par manque de réciprocité.

Il est fréquent qu'à ce moment-là, la mère effectue les soins au bébé de façon répétitive et machinale. Même si parfois à l'inverse seul le lien à l'enfant reste bien vivant et sert de contact avec la réalité.

D'où ce mal-être peut-il venir ?

Chacun s'influence dans le lien qui est soumis à un processus continu de développement, de changement et d'ajustement. Le visage de la mère est un premier miroir pour le bébé. Lorsqu'il y a chez elle un retrait ou des perturbations, ce dernier regarde sa mère comme le météorologue regarde le ciel. J.-F. Rabain les nomme les « bébés météo ». Ces bébés qui étudient avec tension sur le visage de leur mère la carte de leurs humeurs et de leurs dispositions à leur égard sont vigilants et inquiets. Le père peut être un bon relais dans ce moment précis, s'il n'est pas lui-même trop affecté par la situation. Mais il faut éviter qu'elle ne se prolonge sur une période trop longue. S'il est un relais et une aide précieuse, il ne peut être un substitut de la mère. Chacun doit rester autant que possible dans son rôle ou le retrouver rapidement.

Il y a cependant une différence entre les bébés garçons et les bébés filles quant à leur adaptation aux difficultés maternelles. On a constaté que les filles s'adaptent mieux aux situations émotionnelles de leurs mères et peuvent profiter de moments sereins en les intégrant durablement. Les bébés garçons quant à eux ont plus besoin d'attention et passent difficilement d'un état instable à un état de repos si la mère n'est plus disponible. Au cours de la première année, face à une mère dépressive qui donnerait des soins mécaniquement, dans un ralentissement et un émoussement de ses émotions, on a remarqué que les garçons auront des scores de développement en baisse de 20 % par rapport aux bébés filles.

Lorsque je retrouve Anne ce matin-là, elle sort de la pouponnière et se demande ce que ressent son bébé, Aline, par rapport à ses tensions et ses maladresses.

Deux naissances pour le prix d'une !

> « J'ai eu l'impression de devoir accomplir une performance car j'étais épuisée, avec tous les regards des autres parents braqués sur moi ! Ce matin, Aline a pleuré tout le temps, même pendant le bain, elle se raidissait, ne me regardait pas, c'était terrible… Jérôme était là mais je me sentais seule, très gauche. »

Anne a été peu soutenue dans ses compétences maternelles et a perçu une difficulté à s'ajuster à son bébé. Aline a pris son bain avant sa tétée, elle n'était en effet pas contente du tout qu'on lui propose l'eau à la place du lait ! Il est aussi probable qu'elle ait pu ressentir la tension dans les gestes de sa maman à ce moment-là. Déjà habituée à plus de calme quand ses parents s'occupent d'elle, elle a bien évidemment été un peu surprise ! Le léger stress postnatal d'Anne a bien été ressenti par son bébé, mais sera passager.

C'est aussi dans la répétition des soins adéquats que l'enfant atteint un niveau de fiabilité et d'assurance sur la qualité de son environnement. C'est dans la durée que l'enfant va trouver un mode d'adaptation à sa mère et bien sûr cette dernière à lui. La présence de relais attentifs et soutenants est primordiale.

Le duo mère-enfant va se réguler tranquillement et va trouver son rythme et ses habitudes. Julie le dit très justement :

> « C'est trop de bonheur d'un coup, je suis peu rassurée, sans mode d'emploi du bébé, tout va bien quand je suis entourée mais après c'est à moi de faire les choses et là ça se complique un peu ! » **Julie**

Ce bonheur tout neuf doit en effet être intégré mais il ne demande pas forcément d'être au meilleur de ses capacités à tout moment.

Le père mobilisé assiste à la formation de ce tout nouveau duo et cherche à comprendre où est sa place dans un souci d'efficacité et d'équilibre.

Le processus est maintenant tourné irrémédiablement vers l'avenir. C'est comme un bateau qui quitte le quai chargé de sa cargaison. Et qu'il y ait bien sûr des temps d'insatisfaction, de totale incertitude, donc de navigation à vue est inévitable ! Vouloir un enfant est fait de rêverie, d'idéalisation fort éloignées des réalités des besoins d'un enfant dont on est responsable et dont avec patience on doit prendre soin à chaque étape de sa croissance.

Mais des ajustements et des recours insoupçonnables sont à chaque fois possibles, la future mère a comme le futur père des capacités et un potentiel qu'il s'agit avec patience de révéler. Le temps qui est un grand maître va y aider.

TROISIÈME PARTIE

Comment traverser au mieux ces événements

Comment traverser au mieux ces événements

> *« Manet dessina pour son papier à lettres une banderole à en-tête bleu foncé dans le corps de laquelle était inscrit en lettres capitales : TOUT ARRIVE. Devise qui présentait la forme d'une vague bleue qui se dresse sur le papier et qui surplombe l'écrit. C'est la pulsion en personne. Tout arrive… »*
>
> Pascal Quignard, *Abîmes*.

Submergés, surpris, émerveillés… L'intensité de l'avènement est celle de la force du *tsunami* pour le père comme pour la mère. Dans une totale déflagration et une infinie fragilité tout devient amour, sensibilité accrue et impuissance mêlés. Moment unique, instant de bascule à jamais inscrit. La vie s'écrit comme ça. Qui est ce petit être, d'où vient-il ? Du fond des âges et apparemment tout neuf. Quel est ce mystère auquel jamais jusque-là je n'avais pensé ?

Chapitre 7

Mon enfant est là !

« La femme après ces seules étapes perçoit sa dépendance à un phénomène physiologique mystérieux qui vient du profond de son être. Il y a mystère. C'est-à-dire accomplissement des forces de la Nature devant lesquelles l'individu perd sa maîtrise et devient un objet totalement passif. »
Jean-Marie Delassus, *Traité de maternologie.*

Le moment de la naissance est arrivé. Un moment si particulier où le temps s'est dilaté ou suspendu. La jeune mère est souvent comblée, heureuse, prise au dépourvu parfois. Elle découvre étonnée, émue avec son compagnon, ce petit être tout neuf. Il a pu arriver trop tôt ce bel enfant, dans des conditions inattendues mais aussi très tranquillement à la date prévue. C'est une fille ! On l'avait rêvé garçon ! Ou l'inverse !

C'est, ou ce n'est pas, l'enfant que j'avais imaginé ? Est-ce que je peux m'identifier à ce petit être dépendant, en attente de maternage ? Est-ce que je vais l'aimer ? Est-ce qu'il va m'aimer en retour ?

Est-ce que je saurai attendre que le lien se fasse si je n'ai pas le coup de foudre attendu ? Lorsque je prends soin de lui je sens bien que je suis renvoyée au bébé que j'ai été. Est-ce qu'on s'occupait bien de moi ? Est-ce un passé heureux ou difficile ? N'ai-je pas idéalisé en partie mon enfance ? J'ai des doutes. Est-ce qu'à notre tour, dans notre tout nouveau rôle de parents, nous allons savoir le rendre heureux ? À mon rythme, je vais métaboliser ce qui s'est passé et pouvoir aller vers lui.

Je peux intégrer les circonstances de mon accouchement

> « Il n'est pas de naissance sans douleur : toute mère vacille à la naissance d'un enfant, elle chancelle. Devenir mère n'a rien d'un fait de nature, mais constitue bien un véritable fait de culture. On est mère en devenir, toujours et à jamais la temporalité ne se fige autour de cette fonction. Cette dynamique temporelle évolue d'ailleurs tout au long de la vie et l'on n'est jamais la même mère pour ses enfants différents que l'on a pu avoir, ou lors de nouvelles rencontres ou en fonction tout simplement de sa propre maturation psychique. »
>
> Patrick Ben Soussan, « Compter jusqu'à trois… ».

L'accouchement a été un moment physique et émotionnel unique. Bien évidemment, cet effort est récompensé, l'enfant est enfin là. L'image de soi en a parfois pris un coup. On a pleuré, crié, perdu pied, agressé la sage-femme qui faisait de son mieux, on a soufflé puis pleuré de joie. Chacune son style et son mode d'expression. Dans ces émotions intenses, au bout de deux ou trois jours, des regrets peuvent émerger quant à cet accouchement. C'est souvent le cas lors des césariennes en urgence qui laissent parfois une sensation d'inaccompli ou l'impression de ne pas avoir été à la hauteur. Alors les jeunes mamans se remettent en cause et se questionnent : les techniques de respiration étaient apprises, les positions possibles d'accouchement aussi… La préparation à l'accouchement restait très théorique, certes et les événements se sont passés plus vite ou plus longuement, de toute façon différemment que prévu mais la jeune accouchée a passé l'épreuve. Alors pourquoi cet arrêt sur image ?

Il faut savoir que le premier accouchement est particulier en ce sens que les forces qui traversent le corps en travail peuvent susciter un état de stress psychologique après-coup. Même si les positions obstétricales d'accouchement évoluent, elles peuvent avoir créé une impression de faiblesse et de passivité pénible à vivre. Il arrive que le ressassement et l'arrêt figé sur ce moment soient difficilement dépassables sans aide extérieure. Le besoin de la jeune accouchée sera alors d'être reconnue dans ce qu'elle a traversé. Elle doit s'autoriser à demander à rencontrer la sage-femme ou l'obstétricien qui a fait naître son enfant. Elle obtiendra ainsi une lecture des actes médicaux et de leur enchaînement. Légitimée, elle pourra aller vers son bébé mais seulement dans un second temps.

Nous les écoutons en parler avec émotion :

Une force qui nous dépasse…

« J'avais tout oublié quand il a fallu pousser. On nous a parlé de l'accouchement dans sa grande généralité mais là c'était le mien : rien à voir ! » **Flavie**

« J'ai mis de côté mon *ego*, ma pudeur, et j'ai trouvé ça assez naturel, la péridurale m'a aidée mais la prochaine fois je vais essayer de m'en passer. » **Stéphanie**

« Je suis stressée mais quelle force j'ai eue ! Je n'en reviens pas, mon mari m'a dit que j'avais été une vraie guerrière ! » **Angèle**

« Je crois que j'ai un peu paniqué et j'ai dû être anesthésiée pour la sortie du placenta mais dès que j'ai eu mon bébé sur moi, c'était magique. J'ai dit à mon mari : "il est à nous ce petit tu te rends compte, il est à nous !", c'était si fort. » **Farida**

« J'ai toujours un peu mal, une sensation de lourdeur, je me repasse en boucle toute la journée de l'accouchement, mais mon bébé est l'ultime récompense de mon attente et de cette épreuve, j'ai juste 4 kg en trop, un ventre encore bien rond, je crois que le retour à la normale n'est pas loin... » **Aline**

« Ce petit a glissé de moi si facilement, si vite, si étonnamment, sa petite frimousse me touche, il est là, à la vie ce petit homme, c'est une joie immense... » **Marcia**

« J'ai un flash-back d'angoisse de cet accouchement, ça a été trop long ! Après 36 heures de travail, j'ai des images de sang, de liquide, j'étais épuisée, perdue. Je n'avais plus les idées claires, je ne voulais pas du bébé sur le ventre, c'était comme un petit animal, un morceau de viande. Mon conjoint était si ému, heureusement ça m'a remise dans la beauté de ce que ça pouvait être... La sage-femme est sortie, nous laissant tous les trois, on a pris beaucoup de temps, j'en avais besoin ; après, dans cette chambre en face de ce tout petit bébé, j'ai à nouveau été mal à l'aise. » **Julie**

Étant donné la puissance de l'événement, il est fréquent qu'après l'accouchement, des images, des moments précis, des paroles restent fixés dans la mémoire. C'est un mécanisme sain d'évacuation qui s'impose là comme dans tout moment émotionnellement fort. À un autre rythme que celui de l'urgence et d'un certain stress, les images passent et repasseront pour s'intégrer ensuite doucement dans leur globalité. Chez Julie dont le baby blues durera deux jours, les images se sont fixées plus durablement. Elle restera hospitalisée et soutenue. Le repos et la mise en pouponnière de son bébé pendant ce temps l'aideront fortement.

Et pour le père d'ailleurs que s'est-il passé ? Comment va-t-il ? A-t-il assisté ou non à l'accouchement ? Les jeunes mères se préoccupent fréquemment de l'impact que cela a pu avoir sur lui s'il a été là.

> « Après qu'il a vu tout ça, est-ce que ce ça ne nous empêchera pas de reprendre une sexualité comme avant ? » me demande **Aicha**.

Pour de nombreux couples, il en va de l'évidence, de la pure logique, la question ne se pose même pas. Le père est attendu dans son rôle de soutien, plus qu'un droit, c'est un devoir qu'il s'est fait d'être présent. L'expérience a été attendue, le moment inoubliable est arrivé et il a été partagé avec de fortes émotions.

Il ne lui est pas toujours proposé de s'en dégager s'il le souhaite. N'a-t-on pas tendance à trop le convoquer sans qu'il s'exprime directement ? N'a-t-on pas tendance à aller un peu à l'aveugle dans cette aventure ? Doit-on se conformer à une sorte d'image idéale de l'arrivée de l'enfant ? Oser inventer pour soi le lieu et la manière. Dire non et oser être ailleurs, est-ce possible pour le futur père ?

> Pour le père, assister ou pas à l'accouchement ?
> Car être ailleurs, c'était le vœu de Simon compagnon de Julie, qui regrette d'avoir assisté à « ce spectacle, face à cette vulve dilatée d'où sortait de trois quarts la tête de ma fille, je me suis senti mal, très mal… pas à ma

place. J'étais coincé et à la fois, je crois que Julie m'en aurait voulu de me défiler... » **Simon**

Pourtant un autre dira : « C'était vraiment unique, j'ai admiré ma femme, sa force, son courage, ce petit bonhomme que nous avons fait, j'ai pleuré avec elle, je sais maintenant ce que sont des larmes de joie. » **Jocelyn**

Chacun sa manière, chacun son champ d'expression des émotions, nous sommes tous si différents, tous uniques.

Faire acte de présence pour un père est souhaité par la plupart des futures mères mais sa présence dans la salle d'accouchement doit rester pour lui un vrai choix. Il sera dans l'obligation d'entrer dans une scène à trois personnages[1] et confronté à la réalité de la différence anatomique des sexes, voilà qui n'est pas rien...

Je découvre comment prendre soin de notre bébé

C'est un temps à part que celui qu'on nomme suites de couches. C'est un temps entre deux mondes : celui d'avant et celui du présent incertain. Dans ce même temps, il y a une suite de tâches nouvelles à exécuter. Qui plus est avec une certaine efficacité !

Le tête-à-tête avec le bébé qui, si petit, semble apparemment vulnérable, peut alors se révéler anxiogène. Dans les premières heures, la jeune mère le découvre et le dévore des yeux, elle est comme happée par ce petit être tout neuf, sorti d'elle. Il lui faut pourtant

---

1. Danièle Brun, *La Maternité et le Féminin*, Denoël, Paris, 1990.

un certain temps pour que cet enfant-là devienne le sien. Du deuxième au quatrième jour, ce duo nouveau va tenter de trouver ses propres marques. C'est un temps d'adaptation à un rôle nouveau avec ses responsabilités et ses doutes. Le défi que vont représenter les pleurs de ce tout petit qui sont pourtant une des façons pour lui d'initier le lien est très inquiétant pour certaines jeunes mères dans les premières nuits. Il est indispensable de pouvoir le dire sans culpabilité et de déléguer cette tâche au jeune papa, moins à fleur de peau, afin qu'il soit une aide ou qu'il demande un soutien auprès de l'équipe !

On minimise souvent ce temps hospitalier, vécu pour certaines comme très protecteur, mais pour d'autres, comme une période de contraintes, d'enfermement, avec ses règles, voire parfois une certaine infantilisation. C'est un temps où la mère est sous le regard de plus expérimenté qu'elle et elle doit l'accepter, quelle leçon d'humilité à un moment où elle se sent particulièrement vulnérable ! Il faut donc pour le traverser oser s'imposer !

La rencontre avec le personnel soignant très engagé autour du bébé est un moment très attendu. Les référents des mères sont facilement identifiés, du fait de leur proximité, leur compassion, leur savoir et leurs conseils, à des figures tutélaires, voire parentales. Pourtant la réalité des hôpitaux face aux diverses contraintes administratives, légales, financières et celle de la rentabilité crée un hiatus. Chacun en est conscient et le déplore, mais il faut constater que faute de temps et de moyen, le *turn-over* en maternité est important donc la durée des séjours de plus en plus courte. C'est frustrant pour les soignants qui ont la sensation d'un travail mal fait, même s'ils restent la plupart du temps mobilisés autour de ces vies qui commencent. Pour les jeunes mamans qui ne sont pas encore suffisamment rodées ni familiarisées avec leur bébé, sortir fatiguées de la maternité et pas forcément prêtes ni désireuses de renter chez elles n'est pas souhaitable.

Écoutons ce que dit le psychiatre Jean-Marie Delassus qui parle de ces moments-là :

« *On sait ce que doit être une mère et quelles qualités d'adaptation, de patience, d'abnégation, de douceur, de docilité à l'égard du corps médical et de don de soi il faut avoir. C'est d'une aptitude et d'un état d'esprit dont il est question, la mère se définit par sa disposition à la bonté.* »

La maternité n'est pas définie par ce qu'elle est : ambivalente, anxiogène, incertaine, fébrile, sidérante, exaltante, heureuse mais par ce qu'elle doit être : don de soi.

Ainsi se creuse l'écart pour la plupart des mères entre ce qui est attendu et ce qu'elles sont, et c'est dans ce creuset que la dépression fait son lit. Heureusement, lorsque les échanges interactifs sont source de joie entre la mère, l'enfant, le père et qu'une certaine harmonie s'installe, cela renforce les capacités de tous à accueillir. Chacun a plaisir à son rôle au fur et à mesure que le bébé grandit. Ce que chacun donne et prend est relativement équilibré. Il faut pouvoir admettre qu'il n'en va pas de même dans le ressenti chez certaines mères pour qui le maternage est vécu comme pesant, fastidieux et le don de soi un effort inhabituel qui n'est pas à la portée de toutes.

Dans cette période d'hospitalisation l'épuisement, le manque de sommeil dans cet après-coup de l'accouchement, ne favorisent pas l'apprentissage à faire sous le regard du conjoint, de la famille ou face à d'autres parents plus à l'aise dans les espaces des soins de puériculture.

La fatigue des jeunes mères est un symptôme fréquent qui n'est pas assez pris en compte par les équipes. Elle peut être un terreau fertile pour d'éventuels problèmes somatiques. Elle fait aussi le lit de la dépression. Il en va de même pour la famille ou les amis qui multiplient les visites se sentant dans une totale légitimité à venir souhaiter la bienvenue au nouveau-né. On a constaté avec étonnement que dans les périodes où celles-ci étaient interdites pour des raisons diverses, les bébés étaient plus calmes et l'allaitement se passait mieux. Le duo mère-bébé aurait-il besoin de temps, d'une certaine intimité, voire d'un certain recueillement pour se constituer ?

Les compétences parentales doivent toujours être ajustées, soutenues avec bienveillance. Ainsi, parler à l'enfant, le manipuler avec soin, le baigner, l'habiller, entrer en interaction avec lui, calmer ses pleurs peut prendre un certain temps. Il m'arrive fréquemment face à des mères qui ont peur de mal faire, de leur rappeler que les gestes de la toilette et du soin au bébé ne sont pas des gestes qui mettent la vie de leur enfant en danger. Chacune a son rythme, sa manière, son rapport à l'hygiène corporelle, et doit s'autoriser à dire sa façon de voir. Il y a une confiance qui doit s'installer dans ce lien, elle va s'installer lentement jour après jour dans un apprentissage qui va devenir agréable.

L'allaitement de mon bébé : un grand pas entre la théorie et la pratique...

> « L'encouragement à allaiter au sein, s'il est pris de manière trop rigide, perd son caractère de droit de la femme pour devenir un devoir normatif et disciplinaire »
>
> Carmen Susana Tornquist[1]

Comme tout nouvel apprentissage, il faut du temps, environ un mois, pour être véritablement à l'aise. L'allaitement fait appel à la question du don. Donner de son temps dans un rythme extrêmement soutenu, au départ environ dix tétées par jour qui durent à peu près une demi-heure chacune, être disponible la nuit également, être la seule possibilité de nourrissage, donner sa sève est un exploit auquel nous sommes actuellement peu préparées. Nous avons peu de représentations de ce qu'est cette expérience de corps à corps. Donc peu d'images rassurantes et positives qui seraient encourageantes et nous permettraient contrairement à d'autres cultures de le penser comme naturel.

Il ne faut pas hésiter à consulter des sages-femmes conseillères en lactation et oser aussi, en toute quiétude face à l'insatisfaction, à la fatigue et parfois à la faible prise de poids du bébé de prendre la décision d'arrêter doucement. Savoir accepter ses limites, oser en faire part est parfois nécessaire. On allaite aussi un bébé au biberon. On introduit le père dans ce rôle, on délègue tout en acceptant de ne pas tout pouvoir faire.

---

1. *Allaiter aujourd'hui*, Revue avril/mai/juin 2007.

Le sein qui jusque-là était synonyme d'érotisme devient un sein maternel appartenant exclusivement pour un temps au bébé. La réalité de ses besoins récurrents avec des rythmes très soutenus fait appel à la problématique du don, à la pudeur, au rapport au corps, dans un corps-à-corps, qui peut être ressourçant mais paradoxalement épuisant. Pendant les trois premières semaines, le bébé prend de 8 à 10 tétées par jour. Celles-ci durent en moyenne 1/2 heure. Certaines mères sont très engagées dans cette nouvelle aventure qui leur donne de vraies forces. Pour d'autres, c'est plus difficile, comme en témoigne Mathilde.

> « J'idéalisais l'allaitement, mais maintenant que j'en apprends le fonctionnement, je ne suis plus sûre de vouloir continuer » dit Mathilde, épuisée. Elle essaie de calmer son bébé qui s'époumone et se tortille, mal à l'aise et rouge de colère et de faim ! **Mathilde**

Avec l'allaitement, des émotions diverses sont à nouveau présentes : l'anxiété vis-à-vis du bébé, sa prise de poids, sa santé amènent leurs lots de doutes. Rien ne s'y joue et pourtant tout s'y cristallise. L'impuissance convoque comme auparavant le mouvement dépressif. Mais on ne danse pas le tango en une fois et surtout pas sans bien connaître son partenaire. Les chaussures adéquates sont également indispensables ! Il en va de même pour l'allaitement. Le bébé n'a pas toujours d'emblée les compétences attendues. Les mamelons ou les seins présentent des configurations qui peuvent augurer de certaines difficultés. Celles-ci ne sont pas insurmontables en soi mais chaque mère a ses capacités et ses limites. Chaque duo mère-enfant a sa dynamique et sa progression.

Comment traverser au mieux ces événements

La durée du séjour à la maternité étant courte, la jeune mère n'a pas toujours le temps et l'énergie pour trouver ses marques. C'est une pression supplémentaire pour elle : il est nécessaire que le processus de l'allaitement soit suffisamment en place avant le retour à domicile. C'est la raison pour laquelle j'invite les jeunes accouchées à poser toutes les questions qui leur viennent et à ne pas hésiter à faire appel à un personnel très bien formé. Cela permet d'acquérir de l'aisance plus facilement et de gagner en confiance en soi.

Les jeunes mères voient souvent dans l'allaitement la question d'être bonne ou mauvaise mère puisque le lait est bon pour l'enfant. Elles s'autorisent peu devant les professionnels de la maternité à dire leurs doutes, voire leurs réticences. Elles ont eu dans leurs cours de préparation à la naissance des informations sur ce qu'était l'allaitement mais il y a loin de la théorie à la pratique. La sagesse consiste sans doute à penser que ce qui est bon pour l'enfant sera en règle générale bon pour sa mère ! J'aurai tendance à penser l'inverse ! Il ne faut pas faire peser trop d'enjeu dans cet événement très intime à chacune. Je ne peux parler ici que de ce à quoi j'ai été sensible sans entrer dans le débat stérile du pour ou contre l'allaitement. Je peux cependant faire état de mon expérience auprès des mères qui sont venues me questionner. L'allaitement est naturel et à la fois peu évident. Tantôt c'est « une galère, un sacerdoce, un truc surtout pas pour moi », ou alors « un réconfort, un apaisement, une osmose, une fusion parfaite… »

Environ 65 % d'entre elles vont faire cette expérience et pourtant, elles seront seulement 15 % six semaines plus tard[1].

---

1. Selon une étude de l'Académie nationale de médecine en 2009.

Que se sera-t-il donc passé ? Les mères sont inquiètes et se questionnent :
- autour de la prise de poids du bébé ;
- sur les coliques et les pleurs ;
- sur leur propre douleur : engorgement, inflammation, crevasses…
- elles veulent diversifier l'allaitement par rapport à la reprise du travail ;
- la reprise des rapports sexuels ;
- sur leur liberté d'aller et venir, qu'elles perdent sensiblement.

J'ai souvent remarqué que la fatigue, l'insatisfaction avec une impression d'être dépassée et l'anxiété ne jouaient pas en faveur d'une poursuite. Une étude publiée par Jones dans *Biological Psychology* permet de dire que l'allaitement protège de la dépression. Certaines mères font d'ailleurs état de tétées fusionnelles, il faut pouvoir aussi s'en extraire pour le bien du bébé et sa future autonomie.

Le conjoint doit toujours se montrer encourageant, apaisant, non jugeant dans les choix que sa compagne a fait. Il a été lui-même un bébé allaité et heureux ? Il reste un peu envieux face à un bébé repu devant lui. Cela aidera qu'il puisse penser son positionnement. L'allaitement se fait à trois : une mère, un bébé et un père qui soutient par ses regards admirateurs et bienveillants ou en donnant lui-même le biberon, le cas échéant… Allaiter son enfant au biberon avec du lait maternel, avec du lait industriel, mixer les pratiques est toujours une option possible.

Il est aussi bénéfique d'avoir recours aux sages-femmes spécialisées en lactation. Les mères peuvent être soutenues par la Leache League qui en règle générale répond à leurs difficultés. Elles y trouvent conseils et encouragements.

Il est de toute façon utile de trouver des appuis pour tenter cette expérience qui demande de la patience et de nombreux ajustements. Faire le choix de continuer, c'est ce que va faire Mathilde. On peut faire le pari que ça va marcher si on se donne du temps.

Ajoutons que les garçons seront plus longuement allaités. Les filles sont pourtant plus compétentes dans l'intensité de la succion et la qualité du rythme ainsi que l'état de satisfaction en fin de tétée. L'hypothèse est que la mère semble toujours plus disponible à son bébé garçon.

Ce temps de l'apprentissage précède celui, plus facile, qui correspond à peu près à la sortie de la maternité. Les rythmes de veille et de sommeil commencent à être repérés. Un certain mode d'emploi est trouvé, l'attachement au bébé prend forme. Ses pleurs sont reconnus à distance, ses mimiques et son comportement commencent à être interprétés pour une meilleure réponse à ses besoins.

Mon bébé si proche et inconnu…

« Avant j'avais des principes maintenant j'ai un enfant ! »
Ludovic Lorin[1]

Qui est ce petit être qui entre dans la vie ? Est-il plein de force ? Fragile ? Vulnérable ? Réceptif ? Ce bébé semble arriver démuni et totalement dépendant. Ce n'est pourtant pas complètement vrai. Il

---

1. « Naître parents » *Grandir autrement*, juillet/août 2008.

n'est pas non plus « une éponge », terme entendu très souvent à la maternité. La jeune mère a bien du mal à savoir s'il est en totale osmose ou s'il « mène sa petite vie » maintenant qu'il s'est en partie détaché d'elle !

Une juste mesure est à trouver. Ce bébé est dépendant de celui qui lui prodigue des soins et il est né avec l'histoire sensorielle de sa gestation de neuf mois. Il arrive avec des compétences qu'il va s'agir de découvrir. Pour cela, il faut que sa mère et son père, chacun avec leurs critères particuliers, l'observent longuement dans ses réactions et ceci dans des circonstances diverses. Les parents tout à leur émotion s'extasient devant lui sans bien imaginer que cette tâche est essentielle.

Vivre dans le monde du bébé n'est pas si naturel non plus ! On sait qu'un bébé de moins d'un mois initie 4/5e de l'échange avec son parent par ses pleurs. On sait aussi que les caractéristiques du bébé vont agir sur les sentiments de compétences de sa mère. Il est donc évident que cette rencontre doit être soutenue, encouragée, pour qu'elle prenne forme et soit satisfaisante. Ainsi évacuer les tensions que cette rencontre suscite, les émotions et doutes qu'elle génère est précieux.

Nous parlons à tort du « bébé » et je le fais moi aussi. Pourtant on ne naît pas bébé, mais garçon ou fille.

Est-ce que le bébé a d'emblée un genre pour ses parents ? Les futurs parents parlent parfois de façon neutre et indifférenciée de « mon enfant », « mon poupon », « mon premier », « mon ange », « ce petit bout de moi, de nous » etc. Est-ce l'enfant des limbes, un enfant encore dans la matrice peu définie ? Pourtant, il n'est pas rare que la future mère ait été assez désarmée face à l'annonce du sexe de l'enfant dans le début de la grossesse et là encore à l'arrivée de l'enfant.

Le sexe du bébé ou comment se projeter, s'identifier, se différencier...

« Je pensais avoir un garçon. C'est que je voulais faire différemment de ma sœur aînée, de ma famille qui n'a que des filles. J'aurais été différente si j'avais eu un garçon, les garçons c'est un monde à part, c'est fou, ça vit dangereusement. C'est casse-cou, la mère est plus inquiète. Il y a un âge où ils n'ont pas conscience, ils n'ont pas peur. Ils font du skate, montent sur les murs, font n'importe quoi. J'ai une fille... elle ne me causera pas de soucis, pas avec moi. J'envisage qu'elle ait un self-control, quelque chose dans ce genre, elle fera aussi de la danse. » **Aicha**

« Je voulais un garçon, je suis heureuse que ce soit une petite fille, parce que j'ai eu des relations compliquées avec ma mère, je me disais que ce serait plus simple. Maintenant que l'accouchement est passé, je me dis l'un ou l'autre de toute façon aurait été bien. » **Sophie**

« C'est une petite fille... je suis si contente... je préfère... La relation mère-fille peut être plus proche, plus saine, avec plus de complicité... Un petit garçon, j'aurais été moins à l'aise... J'étais proche de mes frères mais un garçon, ce n'est pas facile à canaliser, c'est foufou, plus excité ! » **Anne**

Est-ce que ces impressions ont une quelconque réalité ? Vont-elles avoir un impact sur l'état psychologique de la mère face à l'enfant différent de celui qui était rêvé ?

Si nous continuons de les écouter, nous voyons que oui.

> **Le sexe du bébé, un réel enjeu !**
>
> « Ce bébé est un garçon ; c'est ce que je voulais et en plus à l'échographie, il avait le nez de mon père, j'ai cru le voir... Je lui ai donné le prénom de mon père comme deuxième prénom... » **Flavie**
>
> « Mon mari a perdu sa sœur à la naissance, la grand-mère a eu une fille handicapée, avoir une fille c'est une malédiction, pourtant quand je regarde la mienne elle est si mignonne... » **Sarah**
>
> « J'ai eu une très belle grossesse avec ce garçon, je le voyais doux, artiste, pas agressif, qui me respecte, qui me laisse en paix. D'ailleurs depuis qu'il est né, il dort tout le temps, il me laisse dormir... » **Myriam**

Les bébés, filles ou garçons, sont au cœur de l'histoire et des représentations de chacune et de chacun, voire au centre des enjeux transgénérationnels. Lorsque le « bébé imaginaire » est très différent du bébé qui arrive, la capacité d'adaptation de sa mère est fortement sollicitée. C'est parfois aussi un problème pour le futur papa.

Les projections des mères sont différentes à l'égard de leur fille ou de leur garçon. Ce sont les bébés filles qui subissent le plus de projections de la part de leur mère parce qu'elle l'identifie à la petite fille qu'elle a été. Les mamans vont moins regarder leur bébé fille mais davantage les stimuler. On protège moins un semblable. À l'inverse, les mamans vont plus protéger et rassurer leur bébé garçon qui semble différent et apparemment plus vulnérable dans son environnement.

Pour l'ensemble des professionnels de la petite enfance, le sexe du bébé comme nous l'avons vu pour l'allaitement est de toute évidence influent dans les soins et dans l'attachement. Annick Le Nestour a apporté sa réflexion sur ce sujet en tant que pédopsychiatre.

La différence porte essentiellement sur les attentes et les identifications de leurs parents. Fille et garçon ont de toute évidence les mêmes émotions. Ils ont cependant des différences d'expression en particulier des émotions négatives. Chaque sexe possède ainsi sa culture affective. Selon l'échelle du Dr T. B. Brazelton, pédiatre et professeur à l'université de Harvard, qui a créé un outil d'évaluation du comportement du nouveau-né, les bébés garçons sourient moins, sont plus irritables, pleurent davantage, expriment plus souvent leur détresse. Ainsi un bébé garçon dont la mère est déprimée sera sensiblement plus en difficulté à s'ajuster à elle. Les bébés filles sont plus adaptables et peuvent profiter d'un moment affectif positif pour se sécuriser sur la durée.

Chapitre 8

Révéler le parent en moi

« Ma petite bête, mes yeux, mon œuf volé préféré. Écoute. Vivre, c'est être marqué. Vivre c'est changer, acquérir les mots d'une histoire et c'est l'unique célébration que nous autres, mortels, connaissons vraiment »
Barbara Kingsolver, *Les Yeux dans les arbres*.

Je suis une mère « suffisamment bonne »

« La société réclame des comportements maternels qui conviennent à ses idéaux et à son organisation. »
Jean-Marie Delassus

Le bébé vient de naître, il dort beaucoup, va s'éveiller dans les jours qui viennent. Sa mère guette ses rythmes, ses expressions. Elle est pour l'instant absorbée littéralement par ce petit tout neuf. Mais une mère ne peut pas être dans cet état ni disponible totalement à son enfant sur la durée. Elle a des contraintes, des occupations et des préoccupations, des tâches et des plaisirs autres qui l'appellent. Elle a aussi à prendre soin d'elle-même. Son sens des responsabilités, son envie légitime de bien faire peut cependant la conduire à des excès.

La perfection n'est pas à rechercher, elle est à éviter ! Elle a beau être comme le mirage, idéale, elle est pourtant un mouvement arrêté, fixe, sans vie, elle sature tout le champ de la réalité et des possibles. L'enfant a lui aussi besoin de moments de retrait de sa mère. Dans tout lien, il faut des rythmes, donc des respirations pour chacun. La respiration, le souffle est indispensable au processus vital de l'organisme, comme dans le duo mère-bébé, comme dans le couple, comme dans la famille, même nouvellement créée. Peut-on juste entendre la réalité de tous les jours ?

> **Un rythme à trouver, des pauses à s'accorder...**
>
> « Je suis à bout de nerfs, mon bébé ne prend rien de bon chez moi, il est exigeant, c'est décevant ces débuts ! J'ai l'impression qu'on est parti du mauvais pied lui et moi... » **Amélie**
>
> « Je rêve de manger des sushis et d'aller au cinéma pour avoir un espace, un temps, un moment à moi, au moins je serai assise, même si l'image et le son me dérangent ! » **Doriane**

D. W. Winnicott a marqué de nombreuses générations de mères qui n'ont retenu que le concept de « bonne mère ». Pourtant, dans ses différents ouvrages auxquels je me réfère souvent en présence des parents, il est seulement question de mères « normalement dévouées ». Ce qu'elles sont très simplement et assez naturellement. Son concept de mère « suffisamment bonne » est précieux car il a l'avantage de permettre que chacune se fie à son naturel. Il incite les mères à se faire entièrement confiance dans la construction du lien avec leur enfant. Il est donc à l'opposé du concept de « bonne mère ». D'ailleurs, Winnicott ajoutait :

« C'est comme si les êtres humains trouvaient très difficile de croire qu'ils sont assez bons pour créer en eux une chose entièrement bonne. »

Suis-je une mère suffisamment « douée » ?

« Charlotte, on l'a espérée, attendue, c'est merveilleux mais je trouve ça terrifiant ! Comment ça va se passer à la maison si elle ne dort pas comme ici, est-ce que je vais être à la hauteur ? Je me sens assiégée, ça a fait tomber une sorte d'innocence, avant c'était les grands qui savaient mieux, je suis en train de devenir adulte, ça me fatigue, je me sens fragile et je n'ose pas dire à Florian que j'ai du mal à affronter tout ça. » **Mathilde**

Ces sentiments d'impuissance, de décalage et de fragilité éprouvés par Mathilde à l'arrivée de leur premier enfant vont précéder un état de tristesse et de fragilité. La séparation liée à la naissance agit chez elle comme un véritable déclencheur alors qu'elle est déjà sensible. Elle est ressentie comme une perte irrémédiable. C'est la perte de la construction rêvée d'un moment merveilleux que devait être la naissance. C'est la perte d'un statut de femme enceinte valorisée par le compagnon, la perte d'une période de quiétude et d'autocentrage dont les jeunes mères sont obligées de sortir. Perte d'une sorte de plénitude.

Mathilde va, dans nos échanges, redonner quelque temps la main à la petite fille insécurisée qu'elle était elle-même. Elle a besoin de consolation, d'apaisement avant de retrouver à nouveau des capacités à entrer dans le monde tout neuf de son bébé. Il lui faudra aussi du temps pour apprendre à se faire confiance et se rassurer sur des compétences maternelles qu'elle ne voyait plus en elle et dont elle sait pourtant très bien faire preuve.

L'important est de toute façon d'accepter d'être soi-même et donc de s'autoriser à avoir d'autres pensées, d'autres envies que de s'occuper de son bébé. Il s'accommodera très bien d'une mère bien réelle, « suffisamment bonne », normalement dévouée mais sans excès.

Alors cette interrogation toute simple d'Estragon lorsqu'il attend Godot : « Qu'est-ce qu'on fait maintenant qu'on est content ? » a-t-elle finalement un sens ici ? Lorsque les choses qui ont été si désirées, si attendues arrivent, elles nous laissent parfois pantois, bien démunis et dans l'angoisse de ce qui viendra après !

Ma façon d'être mère est unique

Une histoire d'amour, de lien durable vient d'apparaître. Cette histoire est mise à l'épreuve des jours pour chaque mère. Éprouvante, donc bouleversant tout sur son passage comme toutes les histoires d'Amour. Cette relation est unique, elle ne se compare à aucune autre et elle a tout l'avenir devant elle.

Une mère et un bébé interagissent au jour le jour, dans un système extrêmement dynamique et singulier. C'est assez banal de le dire aujourd'hui et pourtant il a fallu après Freud de nombreux et illustres continuateurs de son œuvre, tels que sa fille Anna, le viennois René Spitz, les anglais Bowlby, Winnicott, Melanie Klein pour démontrer l'importance des premiers liens sur le développement affectif des enfants. On peut maintenant affirmer que, dès sa naissance, le bébé a besoin de façon vitale d'un soutien affectif et émotionnel de sa mère ainsi que d'un entourage attentif et relativement stable. Chacune va faire son expérience et chacune a son style.

Même si l'on a très bien et très justement su observer et décrire les différentes interactions dans lesquelles mère et enfant vont trouver à s'accorder au fil des heures et des jours qu'ils partagent, chaque duo est donc très particulier. Chaque bébé a ses caractéristiques, son tempérament, ses compétences, son état somatique, son sexe qui interviennent dans des liens d'ajustement qui sont réciproques. Un « bon » comportement chez le bébé peut protéger une mère vulnérable et a *contrario* certains comportements chez le nourrisson peuvent pendant les premières semaines constituer des facteurs déclencheurs de risques pour des mères peu sûres d'elles. Ainsi, un bébé irritable, qui pleure beaucoup, difficilement consolable ou un bébé au petit poids qui pleure sans pouvoir être rassuré peut inquiéter sa mère. C'est aussi souvent le cas du bébé prématuré ou de nouveau-nés malades. On en a conclu dans ces cas précis que, par son comportement, le nourrisson envoie peu de messages d'empathie. La mère se retrouve seule dans cette interaction dont elle va tenter de se dégager sensiblement si elle n'est pas assurée ou peu soutenue par le conjoint ou son entourage en retour. Tout n'est pas instinctif chez elle. Une mère plus mature ou plus sereine pourra cependant attendre que son bébé se développe et soit plus gratifiant. On voit fréquemment des mamans de culture africaine plus aptes à affronter des débuts difficiles en étant dans un rapport au temps sensiblement différent.

Les jeunes mères actuelles sont aussi en difficulté par rapport à leur envie de « tout donner » à l'enfant, pour être reconnues comme un parent aimant. Donner tout, dans le sens de ne rien refuser, est une attitude maternelle nouvelle qui pose problème aujourd'hui. Avons-nous si peur de l'avenir pour saturer ainsi le présent de l'enfant ? Un sentiment de confusion s'inscrit au cœur de la relation très rapidement. Lorsqu'il grandit, l'enfant sans limite devient exigeant puis harceleur, il suscite le désarroi ou la colère maternelle, puis parentale. Peu gratifiant, il suscite peu à peu le rejet et n'est pas apte à se confronter à la collectivité et à ses règles.

Pour que d'emblée une mère se sente en confiance dans le lien à son enfant, il faut donc qu'elle considère son bébé comme un véritable interlocuteur, doué de compréhension et de réponses. Il est nécessaire qu'elle prenne un temps d'apprentissage pour le connaître en repérant ses mimiques, ses rythmes de veille et de sommeil ce qui lui permet d'anticiper aussi pour elle ses temps de repos. Puis également ce qu'il aime et ce qui lui crée du désagrément, afin que la relation soit satisfaisante dans un ajustement réciproque, faite de corps et de paroles.

Installer une relation équilibrée et réciproque

Pour mettre en place une relation satisfaisante avec son bébé, la maman a aussi besoin :

- des tiers, père, famille proche, grands-parents, amis ;
- des espaces et du temps pour se ressourcer ;
- éviter de le comparer à d'autres enfants ;
- de la souplesse dans le lien sans chercher à maîtriser ;

.../...

> …/…
> - peu d'exigences, ni de perfection à atteindre ;
> - une capacité à supporter la contrainte, la répétition des tâches ;
> - un rapport à l'efficacité qui peut être revu à la baisse ;
> - de pas trop de jugements sur elle-même.

Le temps de la petite enfance dure peu, il est donc précieux de se dire que ce n'est qu'un temps dans la construction de la relation, qu'une étape qui sera suivie par beaucoup d'autres dans lesquelles certaines mères seront beaucoup plus à l'aise et moins inquiètes. La première année est un bouleversement tant les enjeux sont multiples et les nouvelles tâches nombreuses. Il va s'agir donc paradoxalement de prendre son temps ! Il va s'agir aussi de contourner les écueils donc de se montrer à deux inventifs et pourquoi pas oser un peu d'humour aussi, pour garder le recul nécessaire !

La jeune mère doit accepter ce temps où elle est à la disposition d'un enfant qui adore que tous les jours se ressemble alors qu'elle ne rêve en général, que de diversité et de liberté !

> « Juste aller acheter un nouveau jean et avoir l'impression de pas être à ma place dans ce magasin à faire ma *pretty woman*, non c'est pas croyable ! » me dit en riant **Aicha** qui retrouve sa joie et ses rires.

Je peux devenir mère et me sentir femme

> « La reproduction inchangée du maternel repris tel quel d'une génération à l'autre, ne peut se transmettre qu'au prix d'une exclusion, plus ou moins radicale de la féminité. »
> Didier Dumas

Entraînées dans le maternage et sollicitées par un processus qui évoque sensiblement la perte et le deuil, il est fréquent que certaines mères délaissent plus ou moins durablement leur statut de femme. Il est pourtant indispensable au processus du devenir mère. Au retour de la maternité, il est fréquent de ressentir et d'exprimer des appréhensions quant à la reprise des rapports sexuels :

Retrouver ses marques dans les rapports sexuels

« J'ai eu une épisiotomie et je suis inquiète de ressentir de la douleur. »

« On avait cessé les rapports sexuels pendant la grossesse, mon conjoint avait peur de faire mal au bébé, là j'espère que ça va refonctionner. » **Julie**

« Moi j'ai besoin d'une bonne ambiance, d'être détendue et avec le bébé qui dort à côté je ne suis pas à l'aise. » **Laure**

« Je n'aime pas prendre du poids, certaines se laissent aller, je ne me sens pas désirable. » **Karen**

Pour quelques-unes, rester disponible dans le lien amoureux va représenter une réelle performance car il peut y avoir une baisse, voire une perte de désir. Tout entières engagées auprès de l'enfant, fatiguées, elles seront en difficulté pour allier ces deux parts d'elles-mêmes. Certaines sont moins à l'aise dans leur corps, ne s'aiment plus et le vivent plutôt mal. Le corps s'est transformé. Les zones érogènes comme le ventre et les seins peuvent être maintenant reliés au bébé ce qui ne sera pas favorable au rapport sexuel.

La réussite du couple dépend essentiellement de la capacité à rester chacun mobilisé dans le registre du lien amoureux et sexuel et du lien filial au sein d'une famille. Lorsque la femme fait partie du groupe familial, certains hommes ne peuvent plus l'envisager comme désirable. Le rôle se teinte dans ce cas d'une certaine gravité, la maturité est à ce prix. Mais pour beaucoup, les choses s'installent plus naturellement :

« Je sens que ça maximise ma féminité, pour moi la féminité passe forcément par la maternité. » **Mylène**

Le chemin de la maternité est un chemin que chacune défriche et emprunte pour elle-même. Rien ou peu de choses ne sont tracés à l'avance. Chaque pas est une conquête. Rien non plus ne sera totalement joué définitivement.

L'amour maternel a cela de commun avec le féminin qu'il est en devenir. Construit au fil du temps, dans le soin, le regard, le doute, l'attention, l'amour maternel est sans cesse sur le fil. Il oscille, il perd pied, il s'emballe et s'enthousiasme. Il s'inscrit, s'écrit dans le quotidien des jours qui se suivent et se ressemblent, et d'un coup, il prend forme autour d'un événement marquant. Et il s'installe enfin, sûr de lui, enfin légitime et prometteur. Il semble parfois s'étendre et recouvrir, donc menacer, une féminité qui jusque-là n'avait pas connu de difficultés. L'amour est pourtant multiforme, l'amour filial n'est jamais en danger face au lien amoureux, il en est issu. Ils ne rivalisent pas, l'un est premier, l'autre celui qui est engendré. Ils sont compatibles, c'est évident pour beaucoup, celles qui peinent dans cette apparente dualité sont bien souvent des femmes pour qui la féminité n'était pas acquise avant la grossesse.

Fusionnelles avec leur mère, elles sont restées des petites filles, des jolies princesses. Devenant mères à leur tour, fières, elles reviennent vers leur propre mère en lui offrant un beau bébé. Pas d'homme qui ait une place dans ce paysage, pas de féminité non plus mais une belle bulle impénétrable.

Voici ce qu'elles en disent :

> **Devenir mère tout en étant femme, une réconciliation parfois difficile**
>
> « Je suis fatiguée, énervée, je me sens beaucoup moins femme, lui me désire toujours autant, il me dit souvent que je suis belle. Moi je suis moins en demande, j'offre peu. » **Jane**
>
> « Je connais mon mari depuis que j'ai 16 ans, ce corps de mère que je lui présente, ça me fait drôle, mais à la fois je me sens plus tactile, plus sensorielle... » **Paula**
>
> « J'ai l'impression d'être en sucre et en sacré, il m'admire mais ne me touche plus, je suis déroutée... » **Antonia**
>
> « Je compte sur mon conjoint pour qu'on retrouve une vie sexuelle, moi j'ai un peu la tête ailleurs, on est souvent fatigués, on n'a plus autant de temps... » **Astrid**

L'homme en garant du sexuel, voilà un rôle en effet capital pour la bonne santé de tous et une possibilité de transcender un quotidien dans lequel on serait vite aspiré. Saura-t-il tenir cette place ?

La femme doit intégrer un corps différent, les vêtements d'avant paraissent d'une époque bien révolue et pour que la nostalgie et la dévalorisation ne s'installent pas comme des remparts, le conjoint est bien un des seuls capable de renforcer la confiance de sa partenaire. Le parent ne doit pas faire écran à l'individu. L'enfant ne demande pas ce sacrifice, ni ce genre d'engagement, bien au contraire ! Il faut la force amoureuse et la dynamique de la sexualité pour que la famille entière fonctionne.

Je laisse la place qui revient au père de notre enfant

> « Les pères jouent également un rôle dans tout cela, non seulement parce qu'ils peuvent être de bonnes mères pendant des périodes de temps limitées, mais aussi parce qu'ils peuvent aider à protéger la mère et le bébé contre tout ce qui tend à s'immiscer dans le lien existant entre eux, ce lien qui constitue l'essence et la nature même des soins maternels. »
>
> D. W. Winnicott, *L'Enfant et sa famille*.

Dans la mythologie grecque de l'union de Zeus et de Métis va naître la déesse Athéna en jaillissant du crâne de son père. Armée et poussant un cri, cette déesse de la sagesse et de l'intelligence arrive au monde à partir de l'espace mental de son père. Espace devenu pour un temps matriciel. Voilà une jolie représentation du versant psychique de la maternité pour la mère mais surtout pour le père.

Mais ce n'est pas tout : Zeus abrite aussi dans sa cuisse l'enfant de Sémélé grâce au travail de couture d'Hermès ; Sémélé vient de mourir foudroyée devant la beauté du roi des Dieux. L'homme portant les enfants, capable de vivre dans son corps ce que vit sa femme ; la mythologie suggère sur un mode symbolique une capacité d'engendrement masculine. Joli clin d'œil sur le potentiel de l'enfant à surprendre par l'imprévu et l'originalité de sa naissance ses parents !

Le père a un rôle capital dans la construction de son enfant, relais maternel potentiel certes, mais si la mère le fait naître, lui le met au monde et lui en donne les clefs. Lorsque tout se passe bien, chacun des deux parents, de façon naturelle, joue son rôle et peut rester attentif au soutien à apporter à son partenaire. Ce n'est pas une histoire de chaises musicales que l'on occuperait à tour de rôle. Se constitue au contraire un duo qui, valorisé à tour de rôle par les interactions avec l'enfant sous le regard bienveillant de l'autre, se renforce jour après jour dans ses compétences. L'un nomme et entoure, l'autre prend soin. Les jeux d'opposition dans le couple sont porteurs d'un espace pour l'enfant.

Le duo mère-bébé en construction est fragile, il ne va pas de soi, il a besoin d'être regardé et soutenu pour exister de façon sécurisée.

Il ne faut pas minimiser l'impact qu'a pu avoir cette naissance chez le papa. Il a été sollicité malgré lui à revivre sa propre naissance, il a pu se sentir tour à tour dans la peau du bébé, dans celle de sa compagne. Il est devenu vulnérable lui aussi. Il peut être plus anxieux, se sentir déprimé, avoir lui aussi besoin de réconfort.

Le retour à la maison peut se faire avec ou sans mode d'emploi du bébé accueilli. Il est assez fréquent qu'une jeune mère n'ait pas eu dans son entourage de modèle de maternage. Le passage à la maternité, la plupart du temps en chambre seule, n'offre pas la possibilité de voir d'autres mères dans la proximité de leurs bébés. L'histoire de la naissance de l'enfant est déjà plus ou moins à distance et intégrable et cependant la solitude et l'impuissance risquent de s'installer. Le père a une place capitale comme une jeune mère en colère le dit à sa façon :

> « On nous a surveillées pendant neuf mois, on nous regarde deux jours, on nous juge et on vous dit « au revoir » ! Moi je ne trouve pas ça normal ! Heureusement que mon compagnon me soutient, on s'entend bien, il me relaie sinon… » **Antonia**

La capacité d'ajustement du couple à la situation nouvelle c'est-à-dire savoir être à trois pour une première naissance est un enjeu de taille. Retrouver du temps et une sexualité viendra ensuite. Certaines mères se sentent très désorganisées, très frustrées de ne plus gérer leur temps, les tâches ménagères, le lien aux autres, elles se vivent comme coupées du monde. C'est un temps qui semble s'éterniser et qui pourtant dure peu. Pour le traverser au mieux, on doit s'autoriser à ne pas optimiser tout ce qui doit être fait.

Les « bons » conseils de l'entourage familial sont contradictoires ou éloignés de ce qui est attendu, on a bien du mal à s'y retrouver. L'expérience des amies est parfois à relativiser tant elles paraissent plus belles que ce qu'on a pu en percevoir.

La réalité d'être parents est celle d'un bonheur tout neuf, entre la lourde responsabilité de prendre soin d'un petit être dépendant, et parfois l'impuissance vite perçue de ne pas pouvoir répondre à la totalité de ses besoins.

Il s'agit d'un événement mutuel, vécu différemment mais commun aux deux membres du couple. Il y a là un trio qui doit trouver son rythme de croisière. On entend très fréquemment que le père doit jouer un rôle de tiers pour que tout se passe bien. Mais de quoi s'agit-il au juste ?

> **Un rôle de père pas si facile à appréhender**
>
> « Pourquoi j'aurais envie de les séparer alors qu'ils sont dans une bulle de bonheur ? C'est quoi le rôle de tiers que doit jouer le père ? » me demande Simon : « Moi, j'ai besoin de reconnaissance et je n'ai que des reproches. Je suis le réceptacle de toutes les inquiétudes de Julie et de sa mauvaise humeur. Je n'ai qu'une envie, celle de m'éloigner et de les laisser tous les deux ! Je sais que ça serait pire mais je ne sais plus quoi faire ! Elle était tellement heureuse à l'idée d'avoir ce bébé, c'est incompréhensible. » **Simon**

Oui, c'est vrai, pourquoi ? Le père en tant que tiers évite la fusion potentielle qui guette tout duo mère-bébé. Il ouvre un espace de respiration, pour qu'advienne quelque chose de plus ludique, de plus en mouvement et aussi de plus à distance. Considérant ce bébé comme moins fragile aussi, en réalisant sans doute avant sa mère, que ce petit d'homme devra faire sa place parmi les hommes.

La tentation pour l'homme est parfois, de guerre lasse, de chercher cet espace ailleurs alors qu'il doit être lui-même cet espace.

Olivier, héros du roman de Nelly Alard[1], décrit particulièrement bien cet état. Entre soumission et inquiétude, il se distancie peu à

---
1. *Moment d'un couple*, Nelly Alard, Gallimard, 2013.

peu et se sent réconforté à la moindre gratification reçue tant il se sent délaissé par sa compagne :

« … *Cela le changeait agréablement du lourd reproche qu'il sentait en permanence affleurer chez Juliette à son endroit depuis la naissance d'Emma, et dont il ne comprenait pas la cause. Quelle avait été sa faute ? Il participait aux tâches ménagères, s'occupait des enfants plus qu'aucun père de leur entourage, tout en assumant sa part des dépenses du foyer. Mais Juliette était un mécanisme d'horlogerie compliqué qui semblait s'être déréglé brusquement. Rien de ce qu'il faisait ne trouvait grâce à ses yeux…* »

Il faut en effet au père une confiance en lui, une légitimité pour oser être ce tiers, ce médiateur, qui doit, par son comportement et ses paroles être ce vigile. Il y a pourtant un enjeu d'importance qui permettra à la jeune mère un premier dégagement d'une situation dans laquelle elle peut s'engluer, se déprimer aussi et perdre sa propre place.

La tentation pour d'autres pères s'apparente à un retranchement derrière un mur infranchissable. C'est ce que ressent Julie pour qui Simon est resté à distance de cette naissance, elle est assez inquiète, c'est une première épreuve pour ce couple :

« Mon conjoint est peu loquace en général, il garde ses émotions, il ne partage pas, jamais en colère, il dit que s'il partage ses angoisses elles sont plus fortes, si on ne les dit pas, ça n'existe pas ! Je ne veux pas qu'il s'écroule avec moi, je veux un homme solide, une structure qui structure mon état, pas une porte blindée ! » **Julie**

Il faut dans le couple des paroles rassurantes, reliantes, vivifiantes dans cette période nouvelle.

Freud s'adressant à sa collègue et amie Lou Andreas-Salome lui écrit cette phrase célèbre :

« *Ce qui m'intéresse, c'est la séparation et l'organisation de ce qui, autrement, se perdrait dans une bouillie originaire.* »[1]

Aimer, prendre soin, mettre des limites, dire aussi ses propres limites peuvent entrer en opposition avec le mythe de l'épanouissement de l'enfant. Est-on capable de résister aux modes et aux pressions de l'entourage ? Le maternage et les soins indispensables sont à effectuer avec tendresse et attention. Dire non à certains besoins impérieux du bébé est aussi une limite nécessaire pour qu'il n'envahisse pas entièrement le champ affectif de ses deux parents.

Les nouveaux ajustements dans les modes d'interaction du couple sont un autre enjeu, cet enfant fait à deux, engage les deux partenaires. La famille est composée de trois, les liens qui se tissent se font définitivement à trois. Aujourd'hui, les « nouveaux pères » sont très ajustés aux besoins des bébés et participent adéquatement à leur développement, l'un et l'autre ne sont pas en concurrence mais se complètent : quand l'un materne, l'autre paterne.

Toutefois la construction de ce lien peut être lente. Les échanges affectifs avec le bébé faits de tendresse, de sensorialité dans les soins corporels, les jeux, le babillage partagé et de sollicitations diverses n'arrivent pas spontanément.

Toute mobilisée qu'elle est, la mère peut se sentir justement très occupée par le bébé. En revanche, sollicitée affectivement par un

---

1. Lettre du 30 juillet 1915.

conjoint qui ne trouve pas forcément sa place est une situation tout autre qui va la surcharger et qui peut parfois être intenable. Le conjoint peut, à juste titre, être en demande d'attention, d'affection. C'est souvent vécu comme une surcharge pour la jeune mère débordée qui a le sentiment d'avoir un autre enfant qui la réclame.

Par ailleurs, il est un phénomène fréquent qui est celui de projeter sur l'autre sa mauvaise humeur, ses contrariétés. Écoutons ce qu'en dit Julie :

> « Il est de plus en plus anxieux et moi je veux qu'il absorbe mon état, j'ai besoin d'avoir confiance en lui et là il n'absorbe rien ! » **Julie**

Le père est donc parfois dans une place intenable, bureau des pleurs et des difficultés ! Chacun doit donc soutenir et porter à la fois : quel paradoxe ! A-t-il lui aussi d'autres espaces à investir, des recours amicaux et affectifs à solliciter, une bonne identité professionnelle qui pourra équilibrer cette période instable ?

Chapitre 9

Je ne suis pas seule

C'est dans ces premières semaines qu'après le retour à la maison chacun va commencer à trouver ses marques. Un temps de récupération pour la jeune mère est nécessaire. La relation avec le bébé s'instaure petit à petit. Elle permet d'avoir des repères plus précis sur ses besoins, ses rythmes, et d'identifier plus précisément ses pleurs et ses moments d'inconfort. Il est cependant possible que l'après-coup de la naissance, lorsqu'on a « tout pour être heureuse » dévoile une certaine vulnérabilité.

Je ne reste pas seule avec mes doutes et mon bébé

« Il faut tout un village pour élever un enfant. »
Proverbe Africain

Les journées consacrées entièrement au bébé sont parfois longues et souvent ingrates. Les soins peuvent paraître répétitifs. Et si l'allaitement est un temps précieux de bien-être pour beaucoup de mères, il en va différemment pour d'autres. Certaines se sentent assez confiantes et compétentes, d'autres sont en difficulté pour des raisons physiologiques ou psychologiques et devront faire appel à des personnes-ressources.

Par ailleurs, il semble nécessaire de ne pas rester isolée dans ce tout nouveau lien. Sortir en dehors de chez soi peut paraître compliqué tant il faut d'anticipation et d'organisation. Ce processus est cependant à enclencher avec une certaine urgence. Nos familles nucléaires manquent de relais familiaux pour la mère. Plus de grand-mère à l'horizon, ni tante, ni cousine alors qu'un bébé mis au monde doit voir du monde ! Aicha le déplore depuis l'arrivée d'Ylina :

> « On croit tout savoir, on a tout lu mais on n'a pas de communauté, personne de plus expérimenté. On est coupé de l'expérience. Je me sens parfois coupée de mon pays, je vois personne, je manque de repères. » **Aicha**

Il est aussi indispensable de faire de ce petit être un réel interlocuteur et d'initier un vrai dialogue avec lui. Un être non doué de langage n'est pas pour autant inexpressif mais il est vrai qu'on peut se sentir seule en présence d'un bébé !

Les jeunes mères sont déroutées la plupart du temps par les pleurs du nourrisson. Démunies, elles s'en remettent aux conseils divers de leur entourage. Entre le laisser pleurer et le consoler sans attendre, il y a une juste possibilité qui permet à l'enfant de trouver en lui quelques ressources autocalmantes. Celui-ci va savoir de plus en plus se calmer seul et différer l'arrivée de sa mère. Il peut prendre son pouce, sa peluche préférée, tout ce qui fonctionne et l'apaise.

Arrêtons-nous un instant sur les pleurs de ce petit être, véritable défi pour sa mère et pour le couple. Un bébé va pleurer pour des raisons variées. Ce peut être :
- la faim, la soif ;
- le froid ou le chaud ;
- le besoin d'être changé ;
- l'envie de dormir ;
- l'envie d'être en contact ou à l'inverse au calme.

C'est là un de ses modes d'expression essentiels pour solliciter celle ou celui qui prend soin de lui. C'est même un véritable signe de bonne santé. Pourtant la jeune mère les associe beaucoup à une détresse, une tristesse, voire une souffrance. Ce qui est extrêmement rarement le cas fort heureusement. Ces pleurs vont évoluer puis décroître vers le quatrième mois et les parents peuvent petit à petit s'ajuster. Leur durée et leur intensité ont cependant tendance à mettre à mal la relation qui peut devenir insatisfaisante, voire éprouvante pour chacun des partenaires. Les pleurs avant l'endormissement sont fréquemment problématiques. Les pleurs fatiguent la mère, enclenchent un cercle infernal, la culpabilisent et vont la faire s'éloigner avec remords. Le père doit y être très attentif prêt à la relayer. Il n'est pas envisageable de laisser un bébé pleurer trop longtemps. Le fait qu'il se calme à toute fin n'est pas synonyme de la réussite du procédé. On peut laisser un tout-petit pleurer dix minutes, même si c'est extrêmement long et pénible à vivre.

Pendant ce temps, le bébé peut décharger certaines tensions, tenter de trouver son propre réconfort. Encore faut-il que le bébé en ait les possibilités. Certains bébés ont besoin que leur entourage régule pour eux ce processus calmant. Doudous et tétines ne sont pas à proscrire d'emblée. Cependant, on constate que s'ils paraissent un réel recours au départ, ils entraînent une dépendance assez rapidement s'ils sont proposés à chaque fois. Pourtant méfions-nous de donner de soi-disant bons conseils. On a le droit de chercher intuitivement ses solutions, le droit de faire des erreurs aussi. Ce qui a fonctionné avec un enfant ne fonctionne pas avec l'autre. Il faut là encore un temps pour trouver un mode d'emploi !

De nombreux professionnels de la santé maternelle et infantile se sont intéressés à ce problème qui est source d'épuisement et possiblement de dépression chez la mère. Il ne faut donc pas le minimiser.

Apprendre à regarder son enfant à repérer ses mimiques diverses est source de progrès énormes et gratifiant dans le lien qui va prendre doucement forme. Considérer qu'il faut faire connaissance est pourtant ce que nous faisons dans tout lien nouveau que nous voulons investir. Il faut aussi penser que cela prend du temps !

Observer c'est voir, c'est regarder avec une particulière attention. Le mot latin « *servus* » signifie celui qui garde. Garder en soi la force mêlée de fragilité du bébé, s'en émouvoir aussi tout en repérant les mimiques nombreuses et expressives remplies des signaux de bien-être ou d'inconfort est nécessaire pour prendre soin de lui. Observer se fait à une légère distance, très efficace pour éviter un trop grand impact émotionnel et donc fusionnel que l'on rencontre dans certains duos mère-bébé.

Apprendre aussi avec l'enfant à être dans l'instant et s'en émerveiller est un art à peaufiner à une époque où tout s'anticipe et se maîtrise. Apprendre à passer du temps, à jouer simplement avec son enfant, à retrouver les sons des comptines de l'enfance et de leurs rythmes doux. Voilà qui est très bon, simple, très évident pour de nombreuses mamans. Pour d'autres cela va passer par un réel apprentissage. Ne pourrait-on pas considérer que l'enfant est source d'enseignements. L'enfant initie le lien et le renforce avec son père et sa mère.

Prendre soin d'un enfant demande au départ un temps infini, s'inscrit dans une durée extrêmement longue. Tels les postillons des facteurs à cheval du Moyen Âge qui distribuaient le courrier en passant dans chaque relais postal fort éloigné l'un de l'autre, il va falloir se chausser de bottes de sept lieues pour aller d'une étape à une autre avec confiance.

Pour parcourir de longues distances ne faut-il pas être équipé et donc bien chaussé ? Quel serait l'équivalent de ces lourdes bottes en cuir rigide, efficaces et protectrices, renforcées et fixées à leur monture ? Chacun a sa réponse, ce qui est valable pour l'une, l'est moins pour l'autre.

On a tous des réserves et du génie pour faire face à un ensemble de situations nouvelles. On peut souvent trouver en soi des ressources insoupçonnées. Se connaître et avec clairvoyance savoir avouer ses zones de faiblesse, ses doutes, est indispensable. Il faut oser se tourner vers les autres mais pas n'importe lesquels ! Il est préférable de bien avoir identifié auparavant les personnes-ressources. Dans toute entreprise, dans tout événement, la force du groupe est capitale, alors pensons-le d'autant plus ici.

La famille nouvellement constituée est relativement sensible, voire fragile. Elle a réduit pendant un temps ses investissements, ses centres d'intérêt et se consacre à son expérience nouvelle de la parentalité.

> **Ne pas hésiter à échanger avec les personnes-ressources**
>
> Je peux dire mes difficultés si :
> - je ne me sens pas vraiment mère ;
> - je ne ressens pas d'élan affectif vers mon bébé ;
> - si j'ai de la culpabilité à ne pas avoir envie de répondre aux sollicitations de mon bébé ;
> - si je me sens seule ;
> - si je me sens devant une tâche qui me dépasse ;
> - je n'arrive plus à me projeter dans l'avenir.

J'ose me faire aider quand j'en ai besoin

> *« Il se produit dans la santé, une succession de passages dépressifs qui sont nécessaires à la maturation de la sexualité ainsi que de la psyché. »*
> Catherine Cyssau, Les Dépressions de la vie.

Tomber enceinte, tomber de haut, tomber en dépression… et se relever aussi. Aragon ne disait-il pas qu'« être un homme, c'est pouvoir infiniment tomber » ?

La naissance de l'enfant a pris neuf mois. La naissance de la mère à son enfant est aussi soumise à une temporalité qui n'est pas forcément concordante. La construction d'une identité de mère est toujours singulière. Celle d'un couple qui devient parents également.

Lorsqu'il y a souffrance, la jeune mère soupire, rumine, attend en premier lieu une réponse de son conjoint. Elle souhaite une écoute, une attitude compréhensive et rassurante. Elle se tournera ensuite vers sa mère, sa meilleure amie et selon son histoire d'autres proches qui peuvent se montrer attentifs. Aujourd'hui, beaucoup de couples sont isolés alors que de nombreuses ressources sont mises à la disposition des nouveaux parents par les services sociaux. C'est le cas de la P.M.I. (Protection Maternelle et Infantile) mise en place en 1945 et de l'ensemble de la psychiatrie de l'enfant. Dès 1960, elle a eu dans ses missions de se consacrer à harmoniser les troubles dans le duo mère-enfant.

Oser en parler autour de soi, dans des lieux spécialisés permet dans un mouvement actif d'accepter de vivre cette période complexe, d'en connaître les étapes et de les anticiper sereinement. Se relier pour se légitimer dans un vécu singulier est toujours bon. Se faire aider, c'est prendre soin de soi, ouvrir des champs de connaissance sur soi. C'est quitter aussi le registre de la fatalité ou parfois du déni de sa propre souffrance et chercher une parole et une écoute qui construisent.

Sortir du labyrinthe dans lequel l'enfantement l'a fait entrer va s'avérer long et difficile pour Mathilde qui pour l'instant ne peut pas apporter la qualité de sa présence à son enfant, même si Florian a l'air, lui, assez à l'aise dans les soins :

> « Entre ce qui m'arrive et ce que j'attendais il y a un tel gouffre, c'est inimaginable ! Je voulais un enfant très vite mais je me sens prisonnière des choix que j'ai faits et j'ai peur d'en vouloir à tout le monde et même parfois à mon bébé qui n'a rien demandé lui... » **Mathilde**

Le baby blues d'Anne et de Julie n'est pas comparable à la dépression du post-partum vécue par Mathilde et Virginia même si la tristesse, la fatigabilité et la perte d'investissement ont aussi été là pour toutes.

On y voit des sautes d'humeur, parfois de l'agressivité, des doutes sur ses propres compétences (comme il est expliqué dans la deuxième partie au chapitre 6 « Deux naissances pour le prix d'une ! », page 101). Le baby blues est un état centré sur l'arrivée de l'enfant, il est souvent accompagné d'une conjoncture peu favorable : accouchement difficile, suites de couches douloureuses, échec d'allaitement, absence du conjoint, manque de soutien familial, perspectives de retour à la maison anxiogène… Il faut cependant qu'un professionnel puisse l'évaluer.

L'épisode dépressif léger quant à lui dure environ deux semaines, c'est ce qu'a pu vivre Anne. Mais telle une gomme qui effacerait la dureté du trait, si le tracé de la vie est bien là la correction est possible.

Quant à la dépression qui se manifeste plus tardivement, très éloignée de la naissance, elle est une pathologie avérée qui nécessitera une prise en charge médicale et souvent médicamenteuse.

Mathilde de son côté ne désinvestit pas Charlotte, loin s'en faut. Comme si la dépression de la mère et la fragilité de l'enfant les liaient fortement. Elle est même la seule réalité qu'elle investisse. La petite est allaitée à la demande. Elle grossit bien et fait ses nuits. C'est donc un pan valorisant qui lui servira sans doute de support pour sortir de ces jours à la tonalité grise.

> **S'appuyer sur le cadre des tétées pour ne pas sombrer**
>
> « Je me sens comme une coquille vide et la présence de mon bébé m'empêche de sombrer. Je dois faire attention à tout, je suis cadrée par les tétées et je lui parle beaucoup, ça m'aide. » **Mathilde**

Comme nous l'avons dit précédemment, il faut pouvoir anticiper des relais : le père de l'enfant, la proche famille, mobiliser les grands-parents en arrière-plan sera précieux également. Les lieux proposant des psychothérapies brèves pré et postnatales sont très adaptés[1] pour accompagner cette souffrance si particulière où le temps s'est arrêté sans désir ni projets. Pédiatres, sages-femmes, médecins généralistes, P.M.I. dans chaque quartier ou arrondissement sont mobilisés pour aider à renforcer la position parentale. Il est utile de connaître par ailleurs les consultations thérapeutiques périnatales qui proposent des psychothérapies de soutien, elles sont brèves et efficaces.

Par ailleurs, aujourd'hui beaucoup de solutions d'étayage ont été pensées pour les jeunes mères : Maisons vertes, cafés poussettes, groupes de paroles dans les Écoles des Parents, dans les Espaces parents/enfants… Se recentrer sur elle-même permettra à la jeune mère de retrouver un équilibre. Elle peut se sentir parfois en concurrence avec le bébé, objet de toutes les attentions familiales, de tous les regards, comblé de vœux et de cadeaux.

La dépression est une des réponses que la mère adresse à son enfant qui arrive dans le balbutiement de cet amour naissant. Cet amour est déroutant, il cherche sa forme et son intensité. La dépression est alors une tentative de retrait, un espace géographique sans sollicitation qui s'opposerait au tumulte ambiant et à la surcharge émotionnelle. Cet isolement recherché est la cabane dans les arbres de

---

1. Vous trouverez la liste de ces lieux sur Internet, par exemple, sur le site de la mairie de Paris, section petite enfance. Pour celles qui n'habitent pas à Paris, conctactez votre mairie et votre P.M.I.

l'enfance, la grotte de l'ermite, la cabane en bois de l'explorateur sur elle-même que la jeune mère est devenue. S'il dure trop longtemps cet isolement peut rendre fantomatique ; il va donc falloir trouver comment en revenir.

> **Quels signes indiquent que la consultation d'un spécialiste sera profitable ?**
>
> Les clignotants à prendre en compte pour penser à consulter un thérapeute spécialisé dans la périnatalité sont :
> - une fatigue extrême ;
> - des plaintes répétées ;
> - une perte du sommeil, des troubles de l'alimentation ;
> - des variations de l'humeur : agressivité, anxiété, tristesse ;
> - le besoin de réassurance permanente ;
> - le manque de joie à s'occuper du bébé ;
> - une réelle appréhension à s'occuper du bébé ;
> - une intolérance à ses pleurs ;
> - une forte anxiété à l'idée de se séparer de lui.

> **Quels signes indiquent qu'on est au bon endroit avec la bonne personne ?**
> - On ne se sent pas jugée mais comprise ;
> - on ne se sent plus seule, on est accompagnée et soutenue ;
> - la rencontre est vivifiante et crée une sensation d'ouverture ;
> - un mieux-être, une reprise de confiance se font jour ;
> - une envie de vivre et de s'occuper de son enfant se font sentir.

Pour commencer, dans chaque service de maternité, il est possible de rencontrer des psychologues, les différents professionnels qui y travaillent peuvent aussi vous orienter vers eux. Suivez leurs conseils ! Que ce soit avant l'arrivée du bébé ou après, ces consultations permettent de gagner en bien-être.

Aicha évoque sa belle-mère envahissante qui, dit-elle, lui a gâché sa grossesse et l'arrivé du bébé avec les exigences des coutumes, en ces termes :

> « Elle est restée des heures dans ma chambre à la maternité, elle n'arrêtait pas de parler au bébé même quand il dormait, je bouillais ! Elle ne me regardait pas, ne me demandait pas comment j'allais, je me suis retenue pour ne pas la flanquer à la porte ! Son seul souci c'était les fêtes qu'il fallait organiser avec la famille, alors que je ne savais même pas si j'allais pouvoir sortir car mon bébé avait la jaunisse. J'ai fait le roseau toute mon enfance, j'en ai assez maintenant ! » **Aicha**

Nous irons ensemble vers ce roseau et les vents violents qui le secouent régulièrement. À l'intérieur de cette rêverie à laquelle je l'inviterai de façon récurrente, elle a rendez-vous avec une partie de son histoire, les lieux, les éléments et les personnes qui s'y promènent qu'elle peut convoquer à son rythme, à sa guise.

Des manifestations pesantes

> « J'ai des émotions que je ne peux pas penser, comment échapper à cette impression pénible ? Tout s'alourdit... » **Farida**

> « Je suis entrée dans un brouillard épais, je ne suis plus à côté de mon bébé, je ne sens plus rien, je n'ai pas de repère dans ce qui m'arrive, je flotte seulement. » **Anne-Sophie**
>
> « C'est une tristesse qui m'est tombée dessus sans mot dire, sans prévenir avec une intensité puissance dix… il n'y a pas d'image, c'est une sensation brute » **Flavie**

Les mamans ne peuvent pas éviter leurs émotions, ni les faire taire ; vivantes, celles-ci les relient aux autres et à l'enfant qui est là en attente. Lorsqu'elles se présentent comme une coulée de lave en fusion ou comme un magma informe, il est possible de les nommer, de les relier à des faits, à des causes précises. Pourquoi ne pas les penser avec l'aide de quelqu'un : voilà une façon d'envisager très simplement une démarche auprès d'un thérapeute.

On peut tous se trouver en demande d'aide. Très souvent on se fait une force de ne compter que sur soi. N'avoir besoin de personne est souvent la résultante d'une grande solitude infantile. C'est ce qu'illustre bien cette jeune mère :

Besoin de personne, vraiment ?

> « Mes parents travaillaient dans la restauration, la nuit j'étais toute seule. Ma mère me disait que j'étais forte et qu'elle pouvait avoir confiance, il ne pouvait rien m'arriver. Je ne disais rien. C'est moi qui lui disais "ça va aller" ! Je suis en colère aujourd'hui mais j'ai toujours pensé que j'avais surmonté la peur et que je ne devais avoir besoin de personne. » **Mariana**

Face à l'inventaire considérable des formes de thérapie, rappelons-nous que Françoise Dolto avait pour devise de dire aux patients qui lui demandaient conseil :

« Entendez ce que je vous dis,
Entendez ce que d'autres vous disent,
Et puis faites comme vous l'entendez. »

On craint parfois la dépendance à un thérapeute, on a peur d'avoir à tout remettre en question dans sa vie sans se sentir en capacité de le faire, on n'a pas le temps, pas l'argent, on le fera plus tard… Et puis à un moment il est urgent d'être rassurée, consolée, comprise, soutenue, alors on cherche une bonne adresse !

Il y a une grande diversité des demandes faites aux professionnels, une grande variété de troubles générés par la venue d'un enfant et aussi pléthore de réponses.

Introduire le facteur temps est nécessaire. Lorsque cela ne suffit pas, on pense à une thérapie. Mais laquelle ? Leurs efficacités sont un large sujet de polémiques qui n'aide pas à la décision. Leurs indications comme leurs nécessités doivent cependant être posées par un professionnel. Qu'elles soient brèves, systémiques, humanistes, intégratives, comportementales, cognitives chacun peut y faire son choix puis son expérience. Certaines ont leurs indications et leurs avantages, comme leurs contraintes puis leurs bénéfices à plus ou moins long terme.

Le choix de ma pratique psychanalytique s'est effectué au fil des années par la façon dont la cure analytique, cette grande aventure, a fonctionné pour moi et m'a ouverte au monde. J'en fais donc tout simplement profiter mes patients. La seule distinction entre l'héritage que j'ai reçu et ce que je fais, est mon ouverture à la rencontre. Les espaces de soins doivent toujours être des espaces d'accueil, de confiance et de réconfort pour qu'un travail thérapeutique se déroule sur la durée. Nous avons la possibilité d'être consolée. Chacun doit garder sa place pour que le transfert, cette réactivation de nos liens anciens sur la personne du thérapeute, moteur du travail engagé, puisse s'y déployer. Est psychanalyste celui ou celle qui s'engage à analyser ce qui se passe là, pour que le patient retrouve une confiance en lui et une vitalité dans les liens qu'il engagera dans l'avenir.

> **Les bénéfices d'un accompagnement**
>
> « Voir les choses de façon transversale sans œillères. Je voyais droit comme un cheval qui ne sort pas de son chemin, j'écartais plein de choses, je réapprends avec mon enfant à voir les choses autrement » **Julie**
>
> « J'ai une force, des synergies, une façon de happer le monde, je suis attentive, moins craintive, je réapprends à vivre aussi grâce à mon bébé » **Léa**
>
> « Il y a de l'eau qui coule c'est comme si les paroles la canalisaient pour que ça aille droit » me confiera **Anne**
>
> « Vous m'avez invitée à me relier à moi, à ne me cacher derrière aucun rôle, nos entretiens agissent, je prends appui, vous m'avez bercée, je ne pensais pas que je pouvais pleurer et faire ce son-là comme un bébé. » **Virginia**

La thérapie sert également à faire naître les mères…

Je conserve d'autres investissements

Si la jeune mère doit montrer une grande disponibilité à son enfant, elle n'est pas non plus à son entière disposition. De toute évidence, il va s'agir de tenter de rester soi, de conserver d'autres centres d'intérêt et de mobilisation. Il y a le moment et il y a aussi son après. Il est important que la jeune mère ne se limite pas à ce territoire clos. Il est nécessaire pour elle de se dégager de situations qui peuvent la contraindre et de trouver d'autres espaces, même pour un temps court. Le bébé a besoin de la disponibilité de celui qui est auprès de lui. Encore une fois, il ne faut donc pas hésiter à solliciter les relais possibles. Un enfant s'élève dans une famille, une communauté d'amis. Les jeunes parents ont fréquemment du mal à faire confiance et à laisser leurs enfants à d'autres. Il faut penser des coparentalités, s'assurer d'être en présence de personnes responsables mais il faut franchir ce pas.

Ayons en tête une course de relais et l'ensemble d'une équipe. Le couple, pas plus que la mère seule, ne peut se replier sur la tâche à accomplir dans la première année de l'arrivée de l'enfant. Il va falloir obligatoirement trouver des relais pour s'octroyer des temps de pause. Il faut tenir sur la durée donc s'en donner les moyens ! Ce n'est pas démissionner, c'est tout simplement respirer pour se renforcer.

Pour tisser harmonieusement une histoire d'un couple avec une réalité de nouveaux parents, il faut des ponctuations pour la mère. Retrouver des espaces qui ont été porteurs de plaisir, de réassurance, en trouver de tout neufs est aussi vivement recommandé. Le conjoint lui s'est rendu disponible ou non pour un bref congé parental, mais il a en général repris son activité professionnelle.

Ce peut être aussi tout simplement pour elle, la lecture, la musique, un réinvestissement du corps qui passe par des massages, de la thalassothérapie, un sport. Ce peut être aussi de reprendre contact avec les collègues de travail et de tabler sur une autre identité de soi déjà assurée. Tout cela dans le but de retrouver une juste place avec l'enfant, en se libérant le plus possible des contraintes autour des soins de maternage ou en les allégeant. Alléger le plus possible ce qui surcharge est obligatoire. J'aime la formule que j'ai entendue « d'alléger la montgolfière pour qu'elle prenne de l'altitude et puisse suivre les vents qui lui sont favorables ! » C'est très vrai dans cette période de la première année de l'enfant.

Lorsque la dépression s'est installée être en mouvement comme prendre soin de soi n'est plus possible. En revanche, ce qui doit toujours rester envisageable c'est de s'en référer aux autres, de consulter un thérapeute dans sa neutralité et son empathie. Notre capacité à nous relier est essentielle.

Penser le thérapeute comme secourant et empathique est possible, se faire consoler aussi ! Oser dire les contradictions, les non-dits, les attentes frustrées, les trahisons, les déceptions, la préparation à un grand rendez-vous qui n'a pas eu lieu et la dépression qui a pris la place. Se retrouver à nouveau au centre d'un espace pour soi, où l'on est entendu dans ces étapes si importantes à traverser et à vivre pleinement n'est pas seulement possible, c'est recommandé !

Conclusion

Ce que je vis me construit

« ... Je les ai vues se succéder devant moi sans lasser ma fascination. Avec leurs traits communs, leurs spécificités, leurs singularités et leurs différences. Avec leurs histoires propres et la relation toujours surprenante à leur partenaire existant, présent ou absent, voire disparu. Je n'en ai jamais rencontré qui n'eut à son enfant, fille ou garçon, en toutes circonstances et à tous les âges de la vie, de relation passionnelle et coupable à la fois »
Aldo Naouri, *Les Filles et leurs Mères.*

À l'heure du calcul des risques dans l'ensemble des domaines dont les médias s'emparent pour dénoncer toutes les difficultés de notre époque, les dépressions maternelles sont bien sûr elles aussi convoquées. Le sens de ce qui se passe pour une femme pendant sa maternité puis à l'arrivée de son enfant est encore peu connu. Dans les lieux de la mise au monde, dans les réseaux qui ensuite prennent les relais nécessaires et à la Protection Maternelle et Infantile qui les encadre, il est encore trop peu question de ce qui se passe émotionnellement pour les unes et les autres.

C'est par les troubles autour de la maternité que la femme, sans le savoir, va dénoncer un malaise face à des attentes trop lourdes ou idéalisées de son environnement. Vivre est risqué, faire naître également, il n'y a pourtant pas de plus beau pari !

La grossesse est un changement d'état définitif. Accoucher d'un enfant c'est accoucher de soi. D'un soi transformé, plus vulnérable, plus émotif, plus authentique aussi. Émotion et dépression sont des temps de remise en question de ce qui organisait un équilibre ancien et obsolète. Ce sont des temps de passage. Cela engage à un véritable retour sur soi : il faut du temps dans l'espace mental comme dans l'espace corporel avant que l'enfant, puis sa mère ne naissent.

Si nous prévoyons une course en montagne, nous allons chercher les cartes de l'ascension et nous renseigner sur les meilleurs sentiers à parcourir pour arriver au sommet. Nous remplissons un sac à dos de victuailles en fonction de la durée de la montée, des vêtements chauds en prévision d'un changement de temps dans les hauteurs. Nous avons le matériel adéquat, de bonnes chaussures surtout et une bonne forme physique dont nous avons pris soin tout au long de l'année qui a précédé. Certains pensent que l'ascension nécessite la présence d'un guide, d'autres mettront au fond de leurs bagages une balise de détresse. Tout voyageur anticipe l'itinéraire qu'il va parcourir, tous les touristes pensent leurs voyages, les plages ensoleillées mais aussi les piqûres de moustiques ! Il y a par ailleurs un moment, comme dans l'ascension, où il n'y a pas de retour en arrière possible.

Il est étonnant de voir que les seuls bagages prévus sont le trousseau du bébé et la valise pour le temps de l'hospitalisation pour un événement d'une si grande complexité.

Conclusion

Serait-ce tabou de dire que chacun et surtout chacune sortiront différents de cette aventure humaine ? Que bien souvent où l'on pense perdre on gagne et qu'à l'inverse, où l'on prévoyait d'être vainqueur, on se retrouve démuni, à la case départ.

C'est ça la grande aventure de l'engendrement : arriver en terrain inconnu, sur une terre nouvelle où personne n'avait pensé mettre les pieds. Et pourtant la plupart souhaitent entreprendre ce voyage depuis la nuit des temps. Il faut alors le penser. Ce n'est ni un voyage d'agrément, ni un voyage de santé. On est plus proche du voyage initiatique, relevant de facteurs inconnus. Penser alors s'y soumettre, non pas dans une posture de contrainte mais de véritable bonheur d'évolution, est plus adapté. Au cœur de sa propre capacité créatrice l'être humain se défait. Il perd pied, se désole de rencontrer une si grande impuissance. Il est poussé dans ses retranchements alors qu'il avait cru un temps égaler les Dieux face à son pouvoir créateur !

L'histoire hassidique que relate Marc-Alain Ouaknin[1], le dit bien joliment :

« L'enfant regardait le vieil homme qui dansait et semblait danser pour l'éternité.

— Grand-père, pourquoi danses-tu ainsi ?

— Vois-tu, mon enfant, l'homme est comme une toupie. Sa dignité, sa noblesse et son équilibre, il ne les atteint que dans le mouvement. L'homme se fait de se défaire, ne l'oublie jamais. »

---

1. M.-A. Ouaknin, *Tsimtsoum : introduction à la méditation hébraïque*, Albin Michel, 1992.

Se déprimer n'est-il pas signe que le lien a des effets, qu'il est en train de travailler pour une transformation à venir ? On a tous fait le constat un jour ou l'autre que la personne qui est déprimée est plus accessible, plus vulnérable donc en demande vis-à-vis des autres. Entre deux rives, son monde d'avant et celui que dessine l'enfant. Elle perd ses certitudes, devient aussi plus authentique, plus consciente, et aussi de plus en plus capable de se relier à ce qui l'entoure. Le conjoint est le premier qui puisse l'aider, l'encourager à passer le pont.

Les jeunes parents sont des êtres en devenir. Ils vont se construire tout en renforçant leurs capacités à s'ajuster et vont dans le même temps renforcer également leur connaissance d'eux-mêmes. Dans le soin à l'enfant se construit son parent. L'attention à ce petit être qui nécessite d'être accompagné est joie et contrainte mais crée de réelles forces.

Ce n'est pas le temps de se conformer aux attentes des uns et des autres, ni à celles qu'on se met inconsciemment d'ailleurs. C'est un temps tout nouveau où l'on plonge au cœur de soi, de la relation qui se construit, où se révèle en chacun ce qu'il est au plus profond de lui. C'est le temps de la différenciation, de la vérité sur soi, mais aussi du dépassement de soi.

Se dépasser, comme dans toute course en mer ou en montagne, comme dans tout sport, dans tout examen… Est-ce différent ici ? L'arrivée de l'enfant est une longue traversée, un sport de haut niveau sollicitant le corps, l'endurance, le psychisme, les émotions. On est loin de l'examen de passage tant il y a d'étapes cruciales, de rendez-vous inquiétants, de bien réels examens médicaux aux

CONCLUSION

enjeux vitaux quelquefois. Et que dire de cette grande étape finale de la gestation que sont l'accouchement et l'expulsion, sortes d'exploits sportifs, si étonnants voire inquiétants, si attendus et si grandioses aussi ! Mais lorsqu'un sens et une direction ont été trouvés grâce à l'arrivée de l'enfant, il y a juste à marcher sur ce chemin de la vie.

Tel le chardonneret, cet oiseau dont les couleurs ne sont jamais semblables et dont la fantastique musicalité révèle son origine géographique et la qualité de son environnement, la jeune mère dit toute son histoire dans sa plainte et son état. Mise en résonance pendant quelque temps avec ses propres origines, elle en redit la couleur de ses territoires et de ses déserts.

Notre société n'aime pas le risque, tente sans cesse de le circonscrire, de le définir, de l'évaluer, et souhaiterait au final pouvoir le maîtriser. Mais trop de futures mères sont encore des voyageuses sans bagages ou aux valises mal ficelées. Naître et faire naître est une grande aventure, à grands enjeux : tomber parfois, mais se relever toujours, pour vivre et transmettre !

Vers d'autres aventures...

Les portraits présentés ici ont été recomposés pour respecter l'histoire de chacune des protagonistes ainsi que la confidentialité de leurs propos. Ils conservent cependant toute la dynamique de la rencontre et son travail fécond. Ces mamans ne présentaient pas de pathologie, elles ont le vécu banal le commun et à la fois le singulier dans lequel chacune peut se trouver ou retrouver.

Les cinq jeunes mères que nous avons suivies dans leurs parcours de grossesse ont continué leur chemin :

- Anne, qui a fait un baby blues de deux jours après la naissance d'Aline, eut des jumelles par césarienne un an après, à la suite d'une grossesse spontanée. Elle a arrêté de travailler. Ces petites filles sont sources d'un fort dynamisme et le couple est à la hauteur de la tâche !
- Virginia va bien, elle est encore en thérapie suite à sa dépression de deux mois après l'arrivée de Thomas. Elle a changé de travail et donne plus de temps pour sa vie de famille.
- Mathilde, après une grossesse tumultueuse et la dépression grave qu'elle a maintenant surmontée, attend son deuxième enfant en confiance. Sa fille Charlotte, toute blonde, va bien et sourit à qui la regarde !
- Aicha, huit mois après la naissance d'Ylina a fait une fausse couche tardive. Elle attend un fils dans les semaines qui viennent.
- Julie et Simon se sont séparés. Julie n'a plus en mémoire les quelques heures de baby blues qu'elle a traversées. Elle souhaite avoir beaucoup d'autres enfants…

Bibliographie

ANDRÉ J. et coll., *Mères et filles, La menace de l'identique*, PUF, Paris, 2003.

ANDRÉ J., *La Sexualité féminine*, PUF, Paris, 1994.

BAILLIE R., *La Couvade*, Éditions Typo et Robert Baillie, Montréal, 2005.

BALESTRIERE L., *Freud et la question des origines*, De Boeck, Louvain, 2008.

BERGERET J. et HOUSER M., *Le Fœtus dans notre inconscient*, Dunod, Paris, 2004.

BEN SOUSSAN P., « Compter jusqu'à trois. Petit théâtre en trois actes de la séparation mère-enfant » in *Revue Imaginaire et Inconscient* n° 6, L'Esprit du temps, Bègles, 2002.

BRACONNIER A., *Mères et Fils*, Odile Jacob, Paris, 2008.

BRUN D., *La Maternité et le Féminin*, Denoël, Paris, 1990.

BYDLOWSKI M., *La Dette de vie*, « Le fil rouge », PUF, Paris, 1997.

CHABROL H., *Les Dépressions de la maternité*, « Que sais-je ? », PUF, Paris, 1998.

COMTE F., *Larousse des mythologies du monde*, Larousse, Paris, 2005.

COUCHARD F., *Emprise et violence maternelles*, Dunod, Paris, 1991.

CYSSAU C., *Les Dépressions de la vie*, PUF, Paris, 2004.

DAYAN J., « *Attendre un enfant – Désirs et représentations* », in *Spirale* n° 6, Érès, Paris, 1997.

DELASSUS J.-M.,
Psychanalyse de la naissance, Dunod, Paris, 2005.
Aide-mémoire de maternologie, Dunod, Paris, 2010.
La Difficulté d'être mère, Dunod, Paris, 2014.

DUFOUR H., *La guenon qui pleure*, Grasset, Paris, 1980.

DUMAS D., *Sans père et sans parole*, Hachette, Paris, 1999.

FRAIBERG S., *Fantômes dans la chambre d'enfants*, « Le fil rouge », PUF, Paris, 1995.

FREUD S.,
(1931) « Sur la sexualité féminine », in *La Vie sexuelle*, PUF, Paris, 1969.
(1933) « La féminité », in *Nouvelles Conférences d'Introduction à la Psychanalyse*, Gallimard, Paris, 1984.

GUIGNARD F., « Maternel ou féminin ? » in *Clés pour le féminin*, Revue française de psychanalyse, PUF, Paris.

HONNORAT H., *Poids de naissance*, Éditions 00h00, 1999.

HOUZEL D., *Les Enjeux de la parentalité*, Érès, Paris, 1999.

JACOB C., « Figures de la mère. Écrits et chuchotements », in *Imaginaire et Inconscient* n° 6-2002, L'Esprit du temps, Bègles.

LAROUSSE, *Dictionnaire de la Psychanalyse*, Larousse, Paris, 1995.

LEBOVICI S., STOLERU S., *Le Nourrisson, La mère et le psychanalyste*, Paidos/Le Centurion, Paris, 1983.

LELONG S., *Fantasme maternel et folie*, L'Harmattan, Paris, 1998.

MANZANO J. et coll., « Le syndrome de dépression du pré-partum, résultat d'une recherche sur les signes précurseurs de la dépression du post-partum » in *La psychiatrie de l'enfant*, vol. XL 2/1997, PUF, Paris.

MISSONNIER S., GOLSE B., SOULE M., *La Grossesse, l'Enfant virtuel et la Parentalité*, PUF, Paris, 2004.

BIBLIOGRAPHIE

MORO M. R., « Pour que l'autre reste debout » in *La Consolation* n° 22, Autrement, Paris, 1997.

PARAT H., *Sein de femme, sein de mère*, PUF, Paris, 2006.

QUIGNARD P., *Abîmes*, Grasset et Fasquelle, Paris, 2002.

WINNICOTT D. W.,
(1947) « La haine dans le contre-transfert », in *De la pédiatrie à la psychanalyse*, Payot, Paris, 1971.
(non daté) *La Crainte de l'effondrement et autres situations cliniques*, Payot, Paris, 2000.
(1956) « La préoccupation maternelle primaire », in *De la pédiatrie à la psychanalyse*, Payot, Paris, 1971.

ZARIFIAN E., « L'incapacité de se conformer aux exigences de la société », in *Marianne*, Paris, nov. 1998.

Également dans la collection « Comprendre et agir » :

Brigitte Allain Dupré, *Guérir de sa mère*
Juliette Allais,
— *Décrypter ses rêves*
— *Guérir de sa famille*
— *Au cœur des secrets de famille*
— *Amour et sens de nos rencontres*
Juliette Allais, Didier Goutman, *Trouver sa place au travail*
Bénédicte Ann, *Arrêtez de vous saboter*
Dr Martin M. Antony, Dr Richard P. Swinson,
Timide ? Ne laissez plus la peur des autres vous gâcher la vie
Lisbeth von Benedek,
— *La Crise du milieu de vie*
— *Frères et sœurs pour la vie*
Valérie Bergère, *Moi ? Susceptible ? Jamais !*
Marcel Bernier, Marie-Hélène Simard, *La Rupture amoureuse*
Gérard Bonnet, *La Tyrannie du paraître*
Jean-Charles Bouchoux, *Les Pervers narcissiques*
Sophie Cadalen, *Aimer sans mode d'emploi*
Christophe Carré, *La Manipulation au quotidien*
Marie-Joseph Chalvin, *L'Estime de soi*
Cécile Chavel, *Le Pouvoir d'être soi*
Patrick Collignon, *Heureux si je veux !*
Claire-Lucie Cziffra, *Les Relations perverses*
Michèle Declerck, *Le Malade malgré lui*
Flore Delapalme, *Le Sentiment de vide intérieur*
Ann Demarais, Valérie White, *C'est la première impression qui compte*
Marie-Estelle Dupont, *Découvrez vos superpouvoirs chez le psy*
Sandrine Dury, *Filles de nos mères, mères de nos filles…*

Jean-Michel Fourcade, *Les Personnalités limites*
Micki Fine, *Aime-moi comme je suis*
Laurie Hawkes,
– *La Peur de l'Autre*
– *La Force des introvertis*
Steven C. Hayes, Spencer Smith, *Penser moins pour être heureux*
Jacques Hillion, Ifan Elix, *Passer à l'action*
Mary C. Lamia, Marilyn J. Krieger, *Le Syndrome du sauveur*
Lubomir Lamy,
– *L'amour ne doit rien au hasard*
– *Pourquoi les hommes ne comprennent rien aux femmes…*
Jean-Claude Maes, *L'Infidélité*
Virginie Megglé,
– *Les Séparations douloureuses*
– *Face à l'anorexie*
– *Entre mère et fils*
Bénédicte Nadaud, Karine Zagaroli, *Surmonter ses complexes*
Ron et Pat Potter-Efron, *Que dit votre colère ?*
Patrick-Ange Raoult, *Guérir de ses blessures adolescentes*
Daniel Ravon, *Apprivoiser ses émotions*
Thierry Rousseau, *Communiquer avec un proche Alzheimer*
Alain Samson,
– *La chance tu provoqueras*
– *Développer sa résilience*
Steven Stosny Ph. D., *Les Blessées de l'amour*

**Dans la collection « Les Chemins de l'inconscient »,
dirigée par Saverio Tomasella :**

Véronique Berger, *Les Dépendances affectives*
Christine Hardy, Laurence Schifrine, Saverio Tomasella, *Habiter son corps*

Barbara Ann Hubert, Saverio Tomasella, *L'Emprise affective*
Martine Mingant, *Vivre pleinement l'instant*
Gilles Pho, Saverio Tomasella, *Vivre en relation*
Catherine Podguszer, Saverio Tomasella, *Personne n'est parfait !*
Saverio Tomasella,
– *Oser s'aimer*
– *Le Sentiment d'abandon*
– *Les Amours impossibles*
– *Hypersensibles*
– *Renaître après un traumatisme*
– *Les Relations fusionnelles*

Dans la collection « Communication consciente », dirigée par Christophe Carré :

Christophe Carré,
– *Obtenir sans punir*
– *L'Automanipulation*
– *Manuel de manipulation à l'usage des gentils*
– *Agir pour ne plus subir*
– *Bienveillant avec soi-même*
Fabien Éon, *J'ai décidé de faire confiance*
Florent Fusier, *L'Art de maîtriser sa vie*
Hervé Magnin, *Face aux gens de mauvaise foi*
Emmanuel Portanéry, Nathalie Dedebant, Jean-Louis Muller, Catherine Tournier, *Transformez votre colère en énergie positive !*
Pierre Raynaud, *Arrêter de se faire des films*

Dans la collection « Histoires de divan » :

Karine Danan, *Je ne sais pas dire non*
Laurie Hawkes, *Une danse borderline*

Dans la collection « Les Chemins spirituels » :

Alain Héril, *Le Sourire intérieur*
Lorne Ladner, *Pratique du bouddhisme tibétain*

À propos de l'association Maman Blues©
et de son site www.maman-blues.fr

En créant le site et l'association *Maman Blues*, nous avons souhaité que les moments de maternité aient un lieu de témoignages et de partage entre parents et futurs parents, en complément de leur nécessaire accompagnement par les services de santé.

Le nom de « Maman blues » vient du reportage d'Envoyé Spécial, diffusé le 23 octobre 2003 et réalisé par la journaliste Elsa Margout, sur l'unité de Maternologie de Saint-Cyr-l'École.

À l'origine du site *Maman Blues*© (marque déposée) créé en 2004, se situe une rencontre d'abord virtuelle sur un forum généraliste, entre deux femmes ayant vécu de manière différente une difficulté maternelle : l'une dans la solitude et le silence, l'autre dans le cadre contenant et adapté d'une unité mère-enfant (la Maternologie de Saint-Cyr-l'École dans les Yvelines).

L'association Maman Blues née en 2006 de la volonté de plusieurs participantes du forum de discussions et du site, s'est donné pour but officiel de soutenir et d'informer les personnes concernées par la difficulté maternelle, ainsi que de diffuser l'information auprès des professionnels de la santé, de la petite enfance, et du secteur social et public dans un cadre totalement gratuit. Elle s'engage à féliciter et soutenir les initiatives professionnelles qui accueillent, réconfortent et prennent en charge les mères confrontées à la difficulté maternelle.

Composé par Sandrine Rénier

Achevé d'imprimer par Normandie Roto Impression s.a.s.
sur papier bouffant Munken Print 80g
N° d'imprimeur : 1601985
Dépôt légal : mai 2016

Imprimé en France